Impressum
Verlag: BABADADA GmbH, Nedderfeld 112 , 22529 Hamburg
Geschäftsführer / Verlagsleitung: Harald Hof
Druck: Books on Demand GmbH, In de Tarpen 42, 22848 Norderstedt

Imprint
Publisher: BABADADA GmbH, Nedderfeld 112 , 22529 Hamburg, Germany
Managing Director / Publishing direction: Harald Hof
Print: Books on Demand GmbH, In de Tarpen 42, 22848 Norderstedt

σχολείο
ysgol

σχολική τάξη
ystafell ddosbarth

διαιρώ
rhannu

186 / 2

πίνακας
bwrdd

σχολική αυλή
iard ysgol

δάσκαλος
athro

χαρτί
papur

γράφω
ysgrifennu

στυλό
pen

γραφείο
desg

χάρακας
pren mesur

βιβλίο
llyfr

μαθητής
disgybl

σχολική τσάντα

bag ysgol

κασετίνα/ μολυβοθήκη

blwch penseli

μολύβι

pensil

ξύστρα

peth rhoi min ar bensil

γόμα

rwber

μπλοκ ζωγραφικής

pad arlunio

ζωγραφική

llun

πινέλο

brws paent

κουτί χρωμάτων

blwch paent

ψαλίδι

siswrn

κόλλα

glud

τετράδιο ασκήσεων

llyfr ysgrifennu

εργασία για το σπίτι

gwaith cartref

αριθμός

rhif

προσθέτω

ychwanegu

αφαιρώ

tynnu

πολλαπλασιάζω

lluosi

υπολογίζω

cyfrifo

γράμμα

llythyren

αλφάβητο

gwyddor

λέξη

gair

κείμενο

testun

διαβάζω

darllen

κιμωλία

sialc

μάθημα

gwers

εγγράφομαι

cofrestr

τεστ

arholiad

πιστοποιητικό

tystysgrif

μαθητική στολή

gwisg ysgol

εκπαίδευση

addysg

εγκυκλοπαίδεια

gwyddoniadur

πανεπιστήμιο

prifysgol

μικροσκόπιο

microsgop

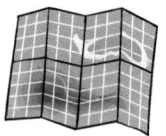

χάρτης

map

καλάθι αχρήστων

basged papur gwastraff

σχολείο - ysgol

ξενοδοχείο
gwesty

Grand

ξενώνας
hostel

ROOMS

ανταλλακτήρια συναλλάγματος
swyddfa gyfnewid

EXCHANGE

βαλίτσα
cês dillad

αυτοκίνητο
car

γλώσσα
iaith

ναι / όχι
ie / na

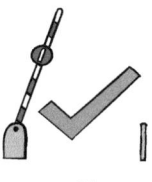

εντάξει
iawn

γεια σου
helo

μεταφραστής
cyfieithydd

Ευχαριστώ
Diolch yn fawr

πόσο κάνει ;

faint yw ...?

Δε καταλαβαίνω

Dw i ddim yn deall

πρόβλημα

problem

Καλησπέρα!

Noswaith dda!

Καλημέρα!

Bore da!

Καληνύχτα!

Nos da!

Αντίο

hwyl

κατεύθυνση

cyfarwyddyd

αποσκευές

bagiau

τσάντα

bag

σακίδιο πλάτης

gwarbac

καλεσμένος

gwestai

δωμάτιο

ystafell

υπνόσακος

sach gysgu

σκηνή

pabell

τουριστικές πληροφορίες

gwybodaeth i ymwelwyr

παραλία

traeth

πιστωτική κάρτα

cerdyn credyd

πρωινό

brecwast

μεσημεριανό

cinio

δείπνο

swper

εισιτήριο

tocyn

ανελκυστήρας

lifft

γραμματόσημο

stamp

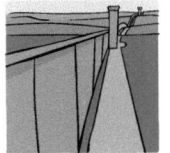

σύνορα

ffin

τελωνείο

tollau

πρεσβεία

llysgenhadaeth

βίζα

fisa

διαβατήριο

pasbort

μεταφορά
cludiant

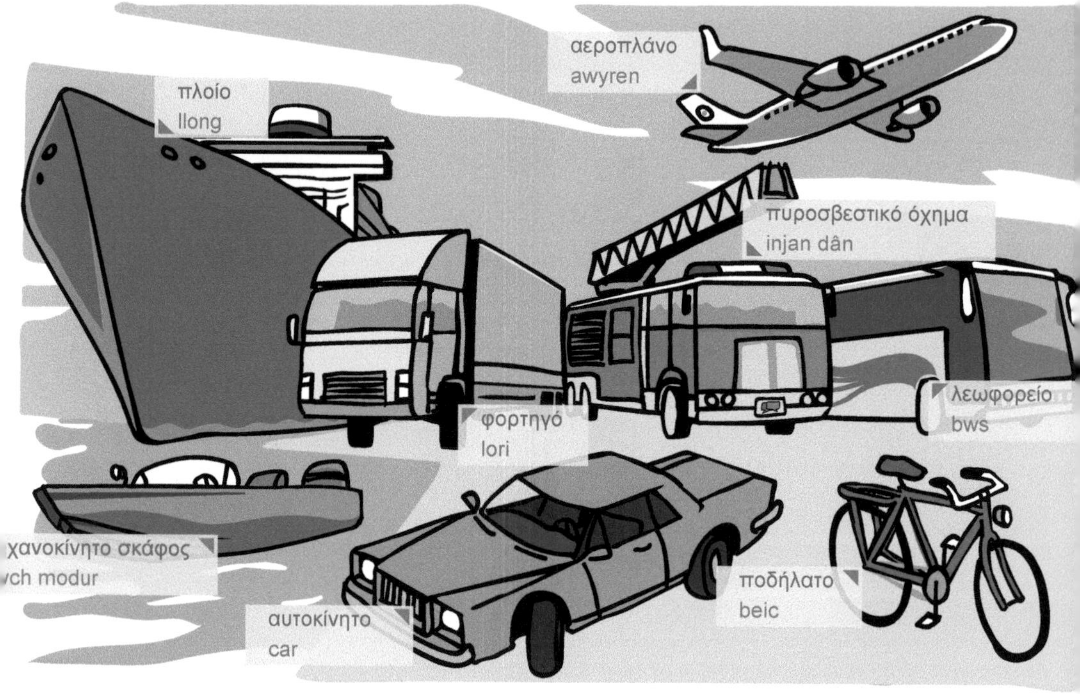

αεροπλάνο
awyren
πλοίο
llong
πυροσβεστικό όχημα
injan dân
λεωφορείο
bws
φορτηγό
lori
χανοκίνητο σκάφος
ch modur
ποδήλατο
beic
αυτοκίνητο
car

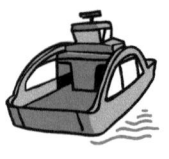

φεριμπότ

fferi

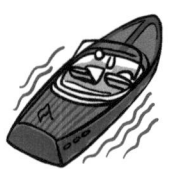

βάρκα

cwch

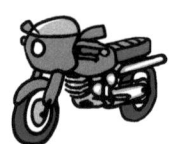

μοτοσικλέτα

beic modur

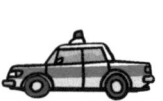

περιπολικό

car yr heddlu

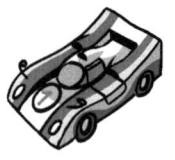

αγωνιστικό αυτοκίνητο

car rasio

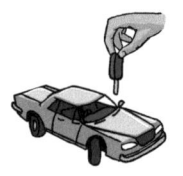

ενοικιαζόμενο αυτοκίνητο

car wedi'i rentu

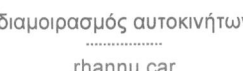

διαμοιρασμός αυτοκινήτων
rhannu car

γερανός
lori tynnu

απορριμματοφόρο
lori ysbwriel

κινητήρας
modur

καύσιμο
tanwydd

βενζινάδικο
gorsaf betrol

πινακίδα σήμανσης
arwydd traffig

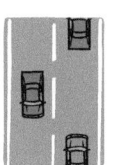

κυκλοφορία
traffig

κυκλοφοριακή συμφόρηση
tagfa draffig

χώρος στάθμευσης
maes parcio

σιδηροδρομικός σταθμός
gorsaf drennau

σιδηροδρομικές γραμμές
traciau

τρένο
trên

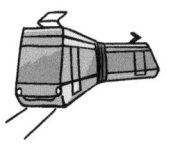

τραμ
tram

βαγόνι
wagen

ελικόπτερο

hofrennydd

αεροδρόμιο

maes awyr

πύργος

twr

επιβάτης

teithiwr

εμπορευματοκιβώτιο

cynhwysydd

χαρτοκιβώτιο

paced

καρότσι

cert

καλάθι

basged

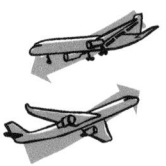

απογειώνομαι /
προσγειόνομαι

esgyn / glanio

πόλη
dinas

χωριό

pentref

κέντρο της πόλης

canol y ddinas

σπίτι

tŷ

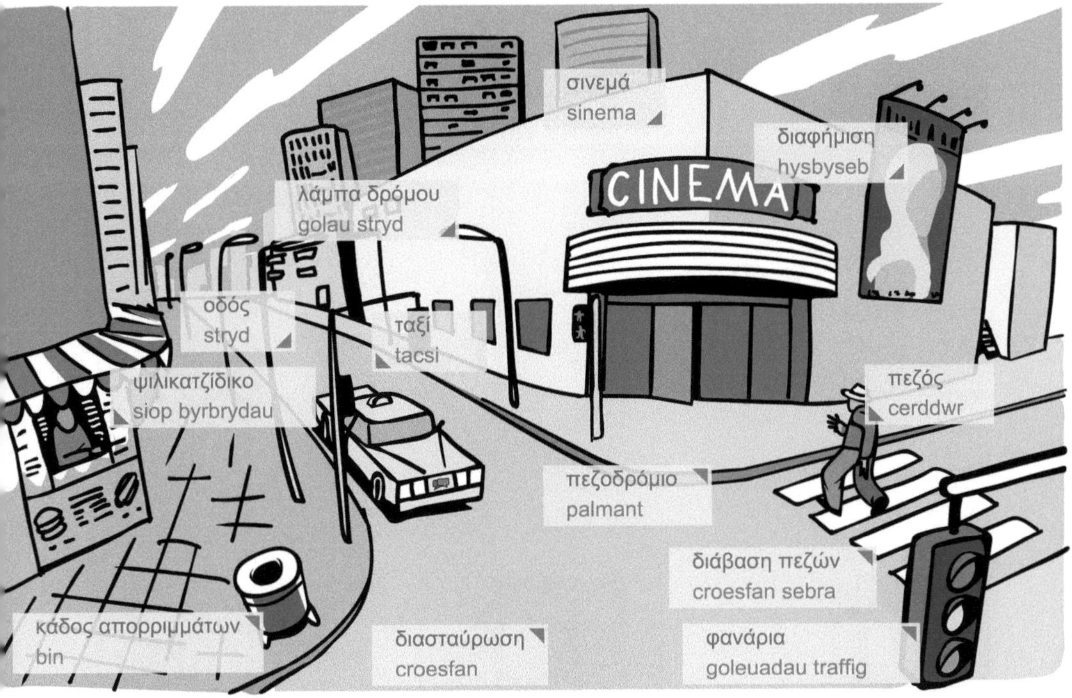

σινεμά
sinema

διαφήμιση
hysbyseb

λάμπα δρόμου
golau stryd

CINEMA

οδός
stryd

ταξί
tacsi

ψιλικατζίδικο
siop byrbrydau

πεζός
cerddwr

πεζοδρόμιο
palmant

διάβαση πεζών
croesfan sebra

κάδος απορριμμάτων
bin

διασταύρωση
croesfan

φανάρια
goleuadau traffig

καλύβα

cwt

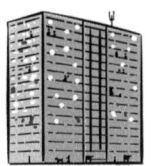

διαμέρισμα

fflat

σιδηροδρομικός σταθμός

gorsaf drennau

δημαρχείο

neuadd y dref

μουσείο

amgueddfa

σχολείο

ysgol

πανεπιστήμιο

prifysgol

τράπεζα

banc

νοσοκομείο

ysbyty

ξενοδοχείο

gwesty

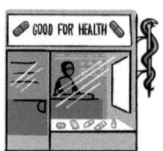

φαρμακείο

fferyllfa

γραφείο

swyddfa

βιβλιοπωλείο

siop lyfrau

κατάστημα

siop

ανθοπωλείο

siop flodau

σούπερ μάρκετ

archfarchnad

αγορά

farchnad

πολυκατάστημα

siop adrannol

ιχθυοπωλείο

siop bysgod

εμπορικό κέντρο

canolfan siopa

λιμάνι

harbwr

πάρκο

parc

παγκάκι

banc

γέφυρα

pont

σκάλες

grisiau

μετρό

rheilffordd danddaearol

τούνελ

twnnel

στάση λεωφορείου

safle bws

μπαρ

bar

εστιατόριο

bwyty

γραμματοκιβώτιο

blwch post

πινακίδα δρόμου

arwydd stryd

παρκόμετρο

mesurydd parcio

ζωολογικός κήπος

sŵ

πισίνα

pwll nofio

τζαμί

mosg

αγρόκτημα

fferm

ρύπανση

llygredd

νεκροταφείο

mynwent

εκκλησία

eglwys

παιδική χαρά

maes chwarae

ναός

teml

τοπίο
tirwedd

φύλλο
deilen

πινακίδα κατεύθυνσης
arwydd cyfeirio

δρόμος
ffordd

λιβάδι
dôl

πέτρα
carreg

δέντρο
coeden

πεζοπόρος
heiciwr

ποτάμι
afon

χορτάρι
glaswellt

λουλούδι
blodyn

κοιλάδα

cwm

λόφος

bryn

λίμνη

llyn

δάσος

coedwig

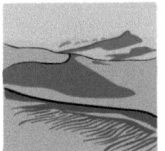

έρημος

anialwch

ηφαίστειο

llosgfynydd

κάστρο

castell

ουράνιο τόξο

enfys

μανιτάρι

madarchen

φοίνικας

palmwydden

κουνούπι

mosgito

μύγα

pryf

μυρμήγκι

morgrugyn

μέλισσα

gwenyn

αράχνη

pryf copyn

σκαθάρι

chwilen

βάτραχος

llyffant

σκίουρος

gwiwer

σκαντζόχοιρος

draenog

λαγός

ysgyfarnog

κουκουβάγια

tylluan

πουλί

aderyn

κύκνος

alarch

αγριογούρουνο

baedd

ελάφι

carw

άλκη

elc

φράγμα

argae

ανεμογεννήτρια

tyrbin gwynt

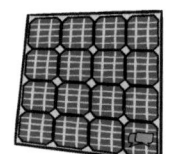

ηλιακός συλλέκτης

panel haul

κλίμα

hinsawdd

εστιατόριο
bwyty

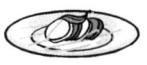

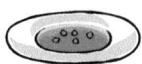

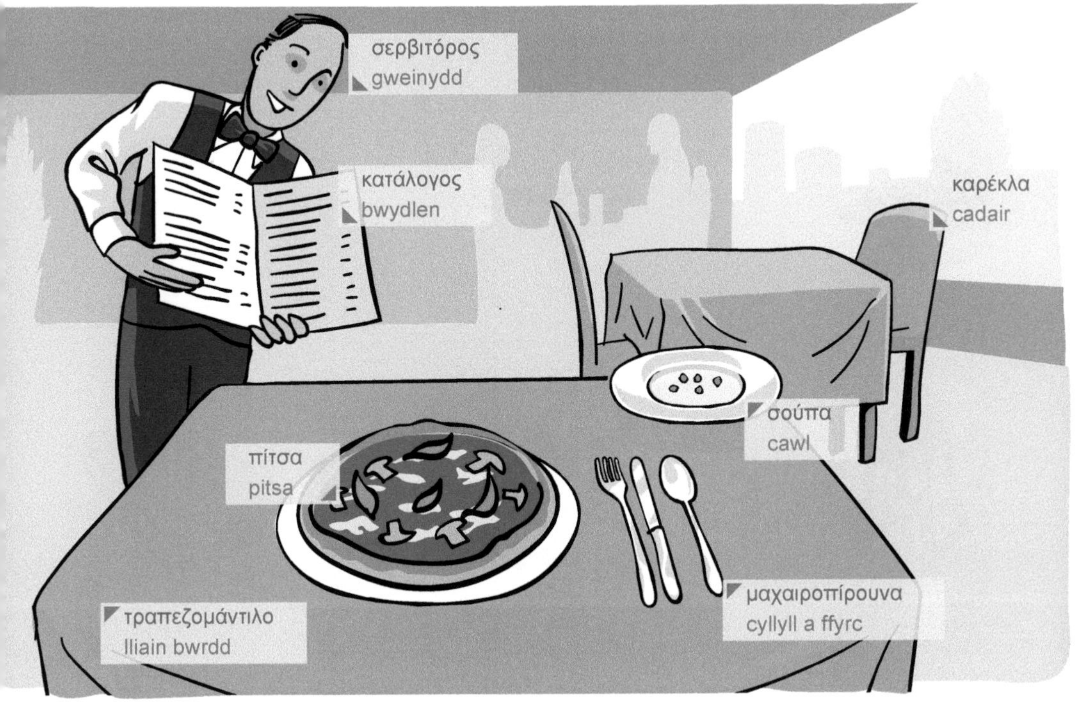
σερβιτόρος
gweinydd
κατάλογος
bwydlen
καρέκλα
cadair
σούπα
cawl
πίτσα
pitsa
μαχαιροπίρουνα
cyllyll a ffyrc
τραπεζομάντιλο
lliain bwrdd

ορεκτικό

cwrs cyntaf

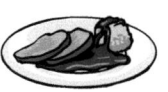

κύριο πιάτο

prif gwrs

επιδόρπιο

pwdin

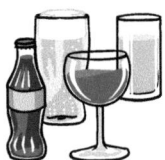

ποτά

diodydd

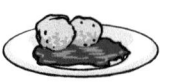

φαγητό

bwyd

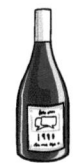

μπουκάλι

potel

φαστ φουντ

bwyd cyflym

φαγητό στ' όρθιο

bwyd y stryd

τσαγιέρα

tebot

δοχείο ζάχαρης

powlen siwgr

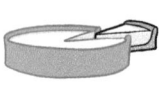

μερίδα

dogn

μηχανή εσπρέσο

peiriant espresso

ψηλή καρέκλα

cadair plentyn

λογαριασμός

bil

δίσκος

hambwrdd

μαχαίρι

cyllell

πιρούνι

fforc

κουτάλι

llwy

κουταλάκι του τσαγιού

llwy de

πετσέτα φαγητού

napcyn

ποτήρι

gwydr

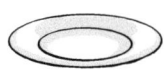

πιάτο

plât

πιάτο σούπας

plât cawl

πιατάκι φλιτζανιού

soser

σάλτσα

saws

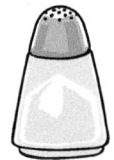

αλατιέρα

pot halen

μύλος για πιπέρι

melin bupur

ξύδι

finegr

λάδι

olew

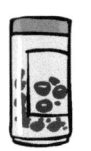

μπαχαρικά

sbeisys

κέτσαπ

saws coch

μουστάρδα

mwstard

μαγιονέζα

mayonnaise

σούπερ μάρκετ
archfarchnad

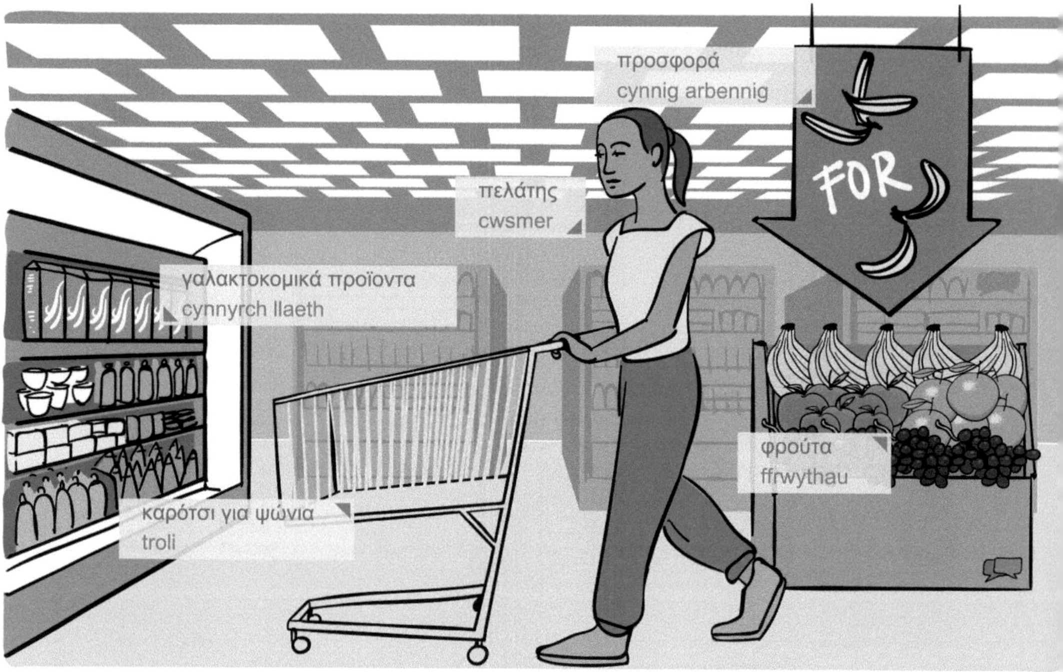

προσφορά
cynnig arbennig
FOR
πελάτης
cwsmer
γαλακτοκομικά προϊόντα
cynnyrch llaeth
φρούτα
ffrwythau
καρότσι για ψώνια
troli

BUTCHERS

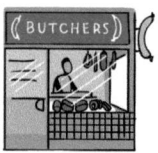

κρεοπωλείο

siop gig

BAKERY

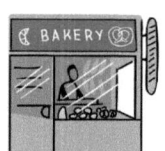

φούρνος

siop fara

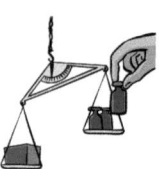

ζυγίζω

pwyso

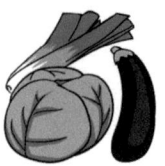

λαχανικά

llysiau

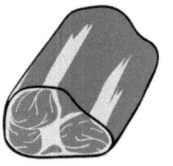

κρέας

cig

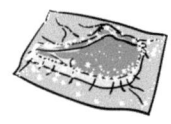

κατεψυγμένα τρόφιμα

Bwyd wedi'i rewi

αλλαντικά

cig oer

κονσερβοποιημένη τροφή

bwyd tun

απορρυπαντικό ρούχων

powdr golchi

γλυκά

da-da

οικιακά είδη

cynnyrch cartref

καθαριστικά προϊόντα

cynhyrchion glanhau

πωλήτρια

gwerthwraig

ταμείο

til

ταμίας

ariannwr

λίστα για ψώνια

rhestr siopa

ωράριο λειτουργίας

oriau agor

πορτοφόλι

waled

πιστωτική κάρτα

cerdyn credyd

τσάντα

bag

πλαστική σακούλα

bag plastig

νερό

dŵr

χυμός

sudd

γάλα

llefrith

κόκα κόλα

côc

κρασί

gwin

μπίρα

cwrw

αλκοόλ

alcohol

κακάο

coco

τσάι

te

καφές

coffi

εσπρέσο

espresso

καπουτσίνο

cappuccino

μπανάνα

ffrwchledd

μήλο

afal

πορτοκάλι

oren

πεπόνι

melon

λεμόνι

lemwn

καρότο

moronen

σκόρδο

garlleg

μπαμπού

bambŵ

κρεμμύδι

nionyn

μανιτάρι

madarchen

ξηροί καρποί

cnau

νουντλς

nwdls

μακαρόνια

sbageti

ρύζι

reis

σαλάτα

salad

πατατάκια

sglodion

τηγανητές πατάτες

tatws wedi'u ffrïo

πίτσα

pitsa

χάμπουργκερ

hambyrger

σάντουιτς

brechdan

κοτολέτα

cytled

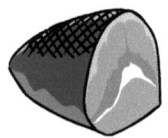

ζαμπόν

ham

σαλάμι

salami

λουκάνικο

selsig

κοτόπουλο

cyw iâr

ψητό

rhost

ψάρι

pysgodyn

χυλός βρώμης

ceirch uwd

μούσλι

miwsli

κορν φλέικς

creision ŷd

αλεύρι

blawd

κρουασάν

croissant

ψωμάκι

bynsen

ψωμί

bara

τοστ

tost

μπισκότα

bisgedi

βούτυρο

menyn

τυρόπηγμα

ceuled

κέικ

teisen

αυγό

wy

τηγανητό αυγό

wy wedi'i ffrïo

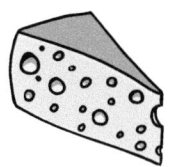

τυρί

caws

παγωτό

hufen iâ

ζάχαρη

siwgr

μέλι

mêl

μαρμελάδα

jam

άλλειμμα σοκολάτας

siocled taenu

κάρυ

cyri

αγρόκτημα

fferm

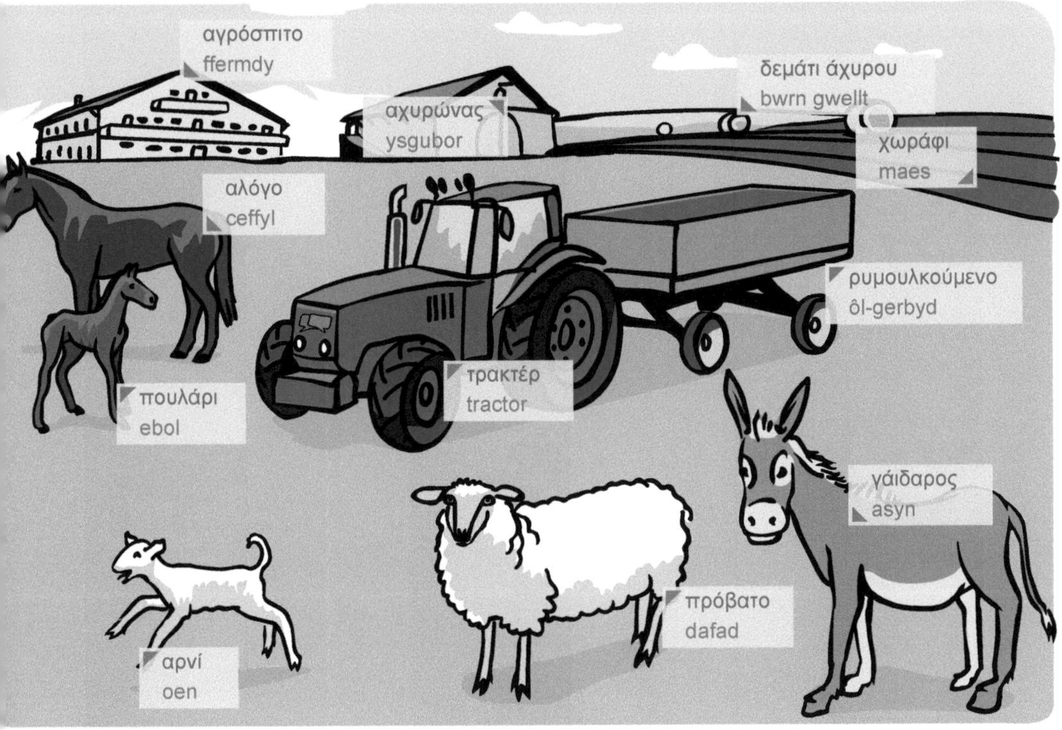
αγρόσπιτο
ffermdy
δεμάτι άχυρου
bwrn gwellt
αχυρώνας
ysgubor
χωράφι
maes
αλόγο
ceffyl
ρυμουλκούμενο
ôl-gerbyd
τρακτέρ
tractor
πουλάρι
ebol
γάιδαρος
asyn
πρόβατο
dafad
αρνί
oen

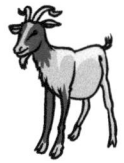

κατσίκα

gafr

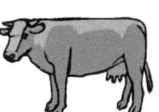

αγελάδα

buwch

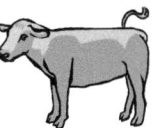

μοσχαράκι

llo

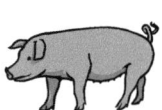

γουρούνι

mochyn

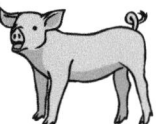

γουρουνάκι

porchell

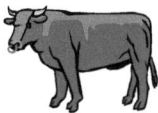

ταύρος

tarw

χήνα

gwydd

πάπια

hwyaden

κοτοπουλάκι

cyw

κότα

iâr

κόκορας

ceiliog

αρουραίος

llygoden fawr

γάτα

cath

ποντίκι

llygoden

βόδι

ych

σκύλος

ci

σπιτάκι σκύλου

cwt ci

λάστιχο κήπου

pibell ddŵr

ποτιστήρι

can dŵr

θεριστήρι

pladur

αλέτρι

aradr

δρεπάνι

cryman

τσάπα

fforch chwynu

δίκρανο

picwarch

τσεκούρι

bwyell

χειράμαξα

berfa

ταΐστρα

cafn

δοχείο γάλακτος

tun llefrith

σάκος

sach

φράχτης

ffens

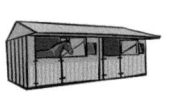

στάβλος

stabl

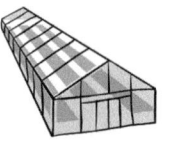

θερμοκήπιο

tŷ gwydr

έδαφος

pridd

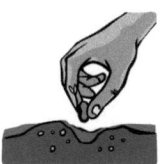

σπόρος

hedyn

λίπασμα

gwrtaith

θεριζοαλωνιστική μηχανή

dyrnwr medi

θερίζω

cynaeafu

συγκομιδή

cynhaeaf

γιαμς

iamau

σιτάρι

gwenith

σόγια

soi

πατάτα

tysen

καλαμπόκι

grawn

κράμβη

had rêp

οπωροφόρο δέντρο

coeden ffrwythau

μανιόκα

manioc

δημητριακά

grawnfwydydd

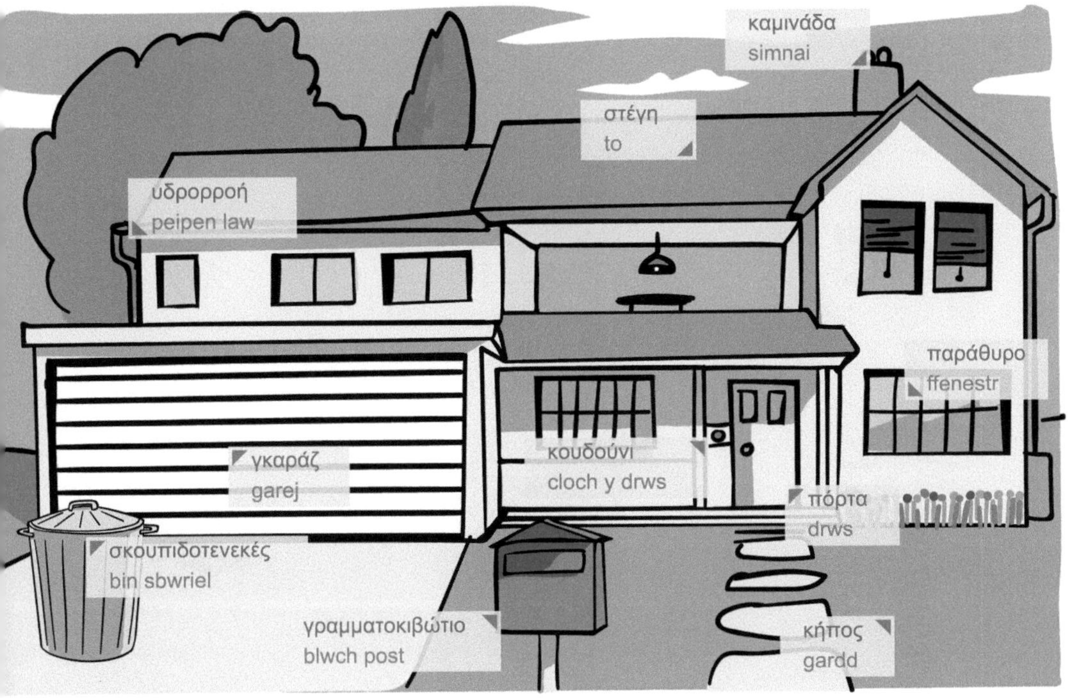

καμινάδα
simnai

στέγη
to

υδρορροή
peipen law

παράθυρο
ffenestr

γκαράζ
garej

κουδούνι
cloch y drws

πόρτα
drws

σκουπιδοτενεκές
bin sbwriel

γραμματοκιβώτιο
blwch post

κήπος
gardd

σαλόνι
lolfa

μπάνιο
ystafell ymolchi

κουζίνα
cegin

υπνοδωμάτιο
ystafell wely

παιδικό δωμάτιο
ystafell plentyn

τραπεζαρία
ystafell fwyta

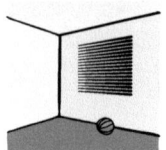

πάτωμα
llawr

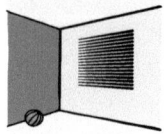

τοίχος
wal

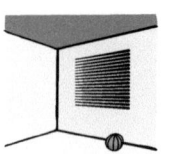

οροφή
nenfwd

κελάρι
seler

σάουνα
sawna

μπαλκόνι
balconi

βεράντα
teras

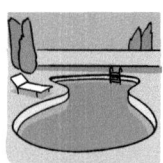

πισίνα
pwll

μηχανή του γκαζόν
peiriant torri gwair

σεντόνι
taflen

κάλυμμα κρεβατιού
gorchudd gwely

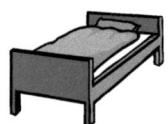

κρεβάτι
gwely

σκούπα
ysgub

κουβάς
bwced

διακόπτης
swits

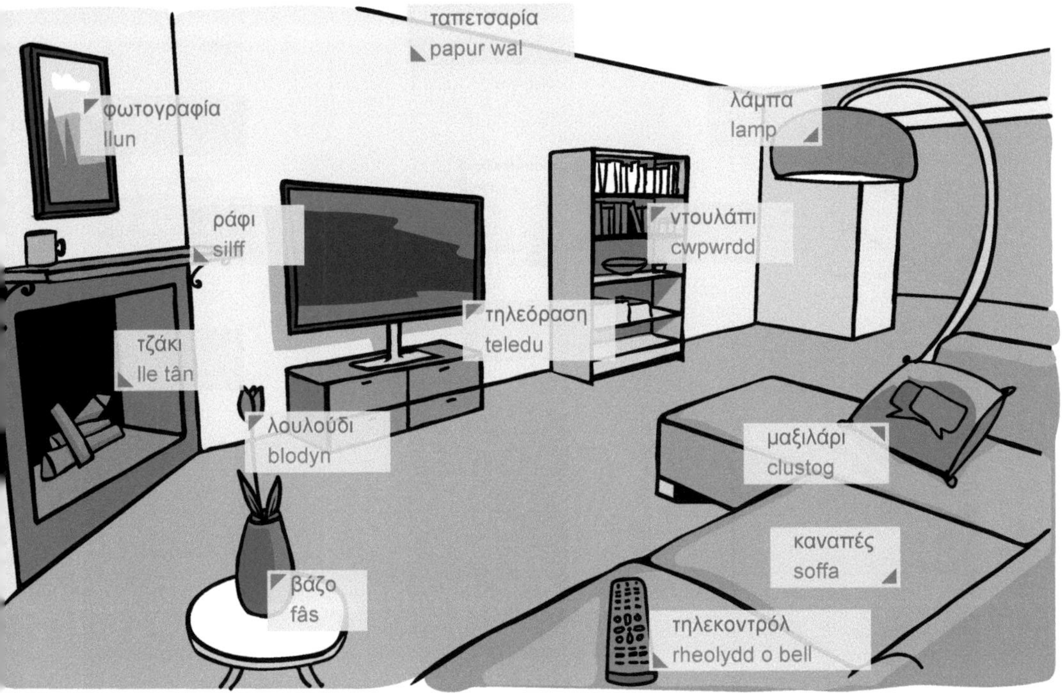

ταπετσαρία
papur wal

φωτογραφία
llun

λάμπα
lamp

ράφι
silff

ντουλάπι
cwpwrdd

τζάκι
lle tân

τηλεόραση
teledu

λουλούδι
blodyn

μαξιλάρι
clustog

καναπές
soffa

βάζο
fâs

τηλεκοντρόλ
rheolydd o bell

χαλί	κουρτίνα	τραπέζι
carped	llen	bwrdd

καρέκλα	κουνιστή πολυθρόνα	πολυθρόνα
cadair	cadair siglo	cadair freichiau

βιβλίο

llyfr

κουβέρτα

blanced

διακόσμηση

addurn

καυσόξυλα

coed tân

ταινία

ffilm

στερεοφωνικό σύστημα

hi-fi

κλειδί

agoriad

εφημερίδα

papur newydd

πίνακας ζωγραφικής

darlun

αφίσα

poster

ραδιόφωνο

radio

σημειωματάριο

llyfr nodiadau

ηλεκτρική σκούπα

hwfer

κάκτος

cactws

κερί

cannwyll

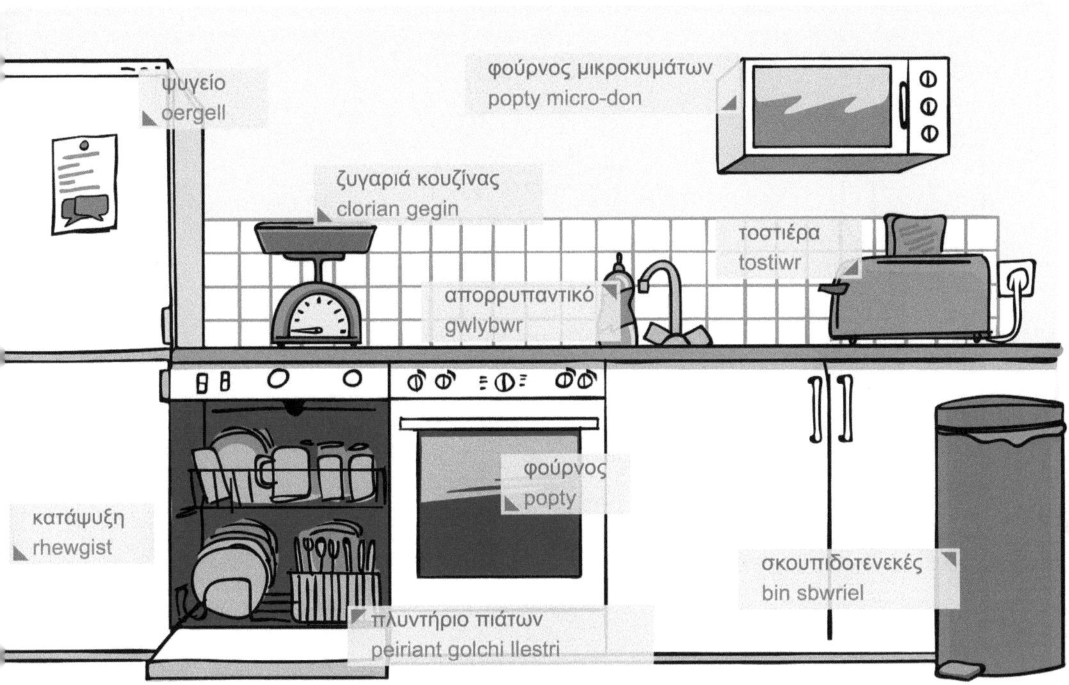

ψυγείο
oergell

φούρνος μικροκυμάτων
popty micro-don

ζυγαριά κουζίνας
clorian gegin

απορρυπαντικό
gwlybwr

τοστιέρα
tostiwr

φούρνος
popty

κατάψυξη
rhewgist

σκουπιδοτενεκές
bin sbwriel

πλυντήριο πιάτων
peiriant golchi llestri

κουζίνα
popty

κατσαρόλα
pot

μαντεμένια κατσαρόλα
pot haearn bwrw

γουόκ/καντάι
wok / kadai

τηγάνι
padell

βραστήρας
tegell

ατμομάγειρας

sosban stemio

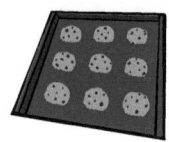

ταψί

hambwrdd pobi

πιατικά

llestri

κούπα

mwg

μπολ

powlen

ξυλάκια

gweill bwyta

κουτάλα

lletwad

σπάτουλα

ysbodol

ανακατεύω

chwisg

σουρωτήρι

hidlydd

σουρωτηράκι

gogr

τρίφτης

gratiwr

γουδί

morter

ψησταριά

barbeciw

ανοιχτή φωτιά

tân agored

σανίδα κοπής

bwrdd torri cig

πλάστης

rholbren

ανοιχτήρι φελλών

tynnwr corcyn

κονσέρβα

tun

ανοιχτήρι κονσέρβας

peth agor tuniau

γάντι φούρνου

clwt pot

νεροχύτης

sinc

βούρτσα

brws

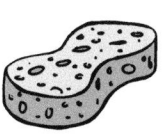

σφουγγάρι

sbwng

μπλέντερ

peiriant cymysgu

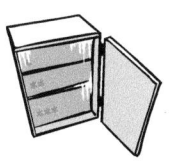

καταψύκτης

rhewgell

μπιμπερό

potel babi

βρύση

tap

μπάνιο
ystafell ymolchi

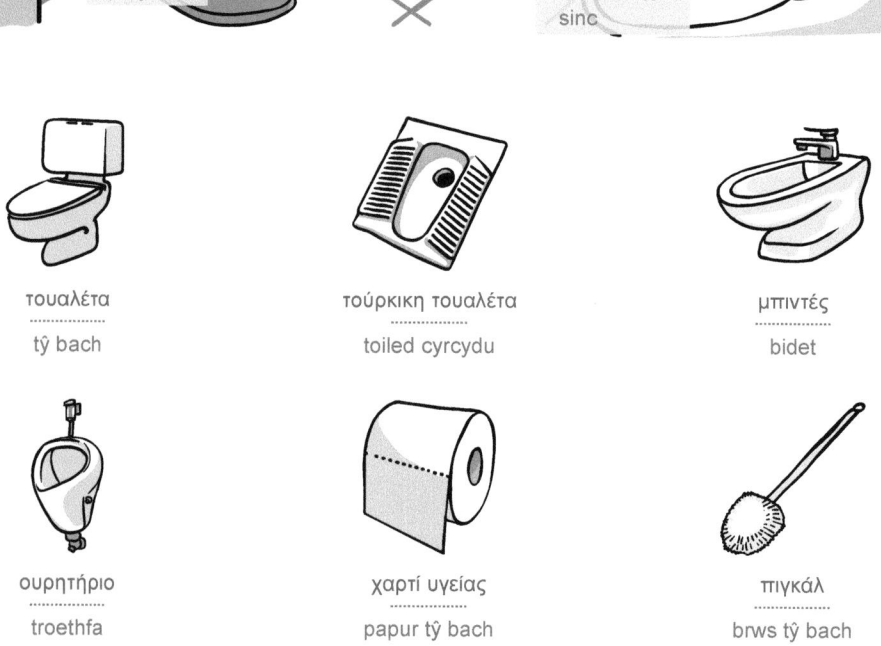

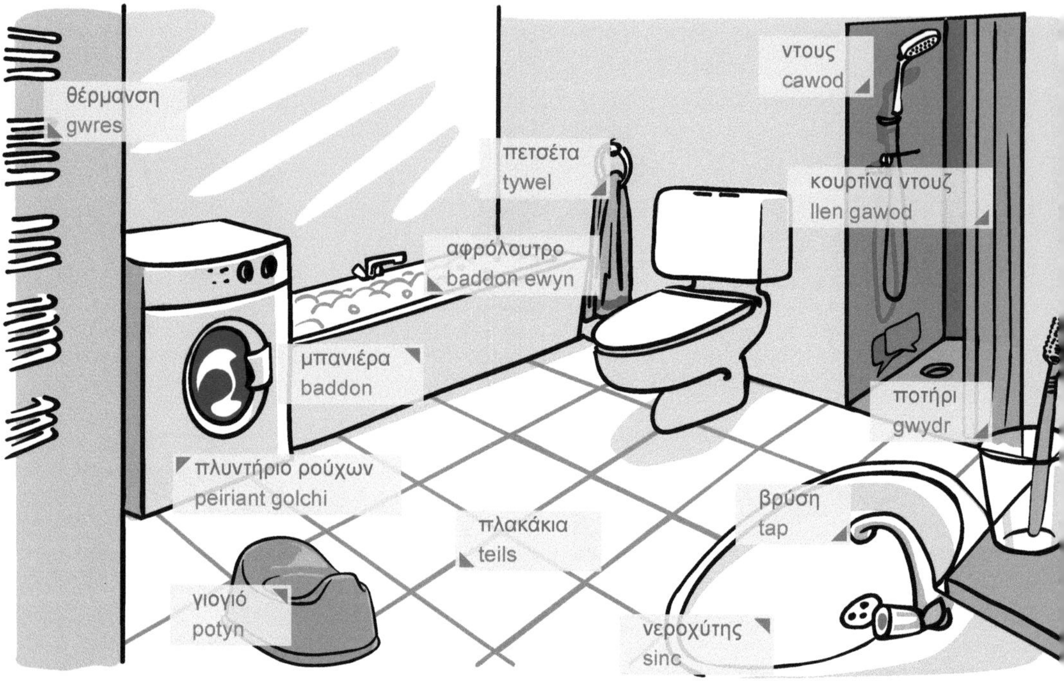

θέρμανση
gwres
ντους
cawod
πετσέτα
tywel
κουρτίνα ντουζ
llen gawod
αφρόλουτρο
baddon ewyn
μπανιέρα
baddon
ποτήρι
gwydr
πλυντήριο ρούχων
peiriant golchi
βρύση
tap
πλακάκια
teils
γιογιό
potyn
νεροχύτης
sinc

τουαλέτα

tŷ bach

τούρκικη τουαλέτα

toiled cyrcydu

μπιντές

bidet

ουρητήριο

troethfa

χαρτί υγείας

papur tŷ bach

πιγκάλ

brws tŷ bach

οδοντόβουρτσα

brws dannedd

οδοντόκρεμα

past dannedd

οδοντικό νήμα

edau ddannedd

πλένω

golchi

τηλέφωνο ντους

cawod llaw

ντουσιέρα

golchfa

λεκάνη

basn

βούρτσα πλάτης

brws-ôl

σαπούνι

sebon

αφρόλουτρο

gel cawod

σαμπουάν

siampŵ

φανέλα

gwlanen

σιφόνι

ffos

κρέμα

hufen

αποσμητικό

diaroglydd

καθρέφτης

drych

καθρέφτης χειρός

drych llaw

ξυραφάκι

rasel

αφρός ξυρίσματος

ewyn eillio

αφτερσέιβ

sent eillio

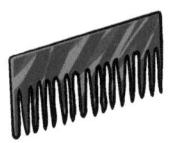

χτένα

crib

βούρτσα

brws

σεσουάρ

sychwr gwallt

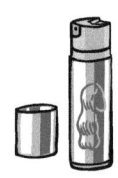

λακ

chwistrell gwallt

μακιγιάζ

colur

κραγιόν

minlliw

βερνίκι νυχιών

farnais ewinedd

βαμβάκι

gwlân cotwm

ψαλίδι νυχιών

siswrn ewinedd

άρωμα

persawr

νεσεσέρ

bag ymolchi

σκαμπό

stôl

ζυγαριά

clorian

μπουρνούζι

gŵn baddon

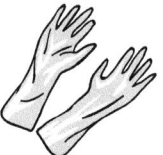

ελαστικά γάντια

menig rwber

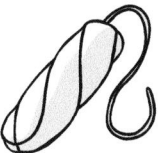

ταμπόν

tampon

πετσέτα υγιεινής

tywel misglwyf

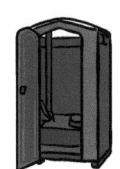

χημική τουαλέτα

toiled cemegol

παιδικό δωμάτιο
ystafell plentyn

ξυπνητήρι
cloc larwm
λούτρινο ζωάκι
tegan anwes
αυτοκινητάκι
car tegan
κουδουνίστρα
cleciwr
κουκλόσπιτο
tŷ dol
δώρο
anrheg

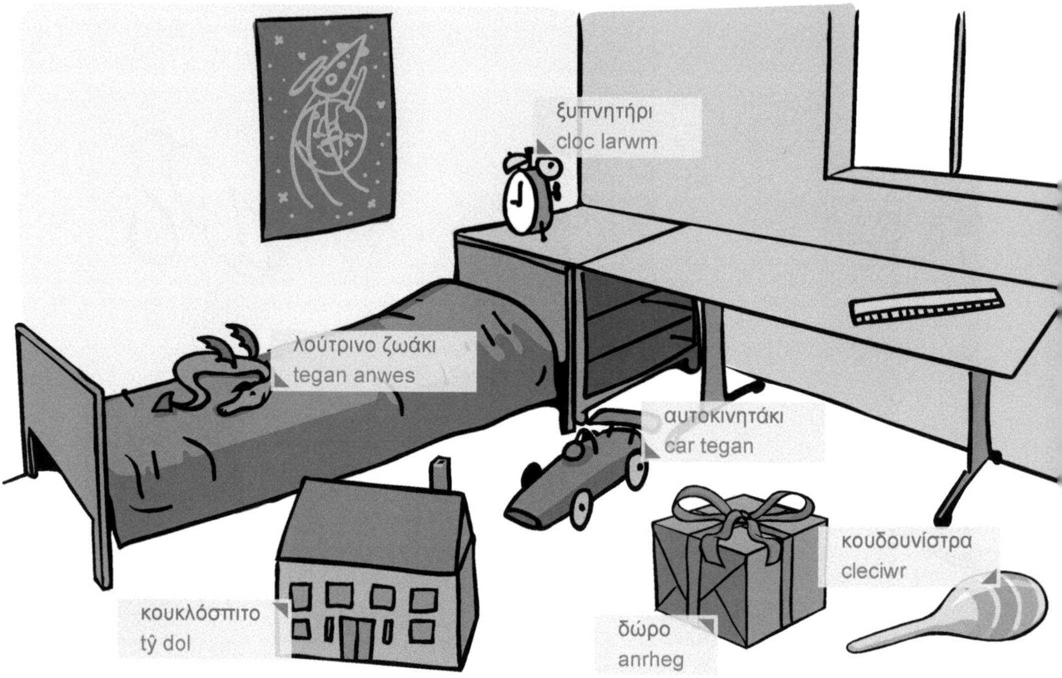

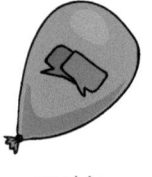

μπαλόνι

balŵn

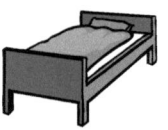

κρεβάτι

gwely

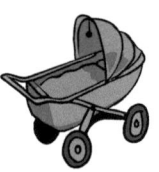

καροτσάκι

pram

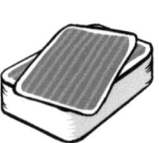

τράπουλα

pecyn o gardiau

παζλ

jig-so

SUPER MEGA

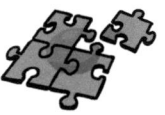

κόμικς

comic

τουβλάκια lego

brics Lego

τουβλάκια κατασκευών

blociau adeiladu

φιγούρα δράσης

ffigur gweithredu

βρεφικό φορμάκι

babygro

φρίσμπι

ffrisbi

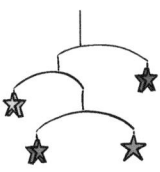

μόμπιλο

ffôn symudol

επιτραπέζιο παιχνίδι

gêm fwrdd

ζάρια

deis

σετ τρενάκι

set model trên

πιπίλα

teth lwgu

πάρτι

parti

εικονογραφημένο βιβλίο

llyfr lluniau

μπάλα

pêl

κούκλα

dol

παίζω

chwarae

σκάμμα με άμμο

pwll tywod

κούνια

swing

παιχνίδια

teganau

κονσόλα βιντεοπαιχνιδιών

consol gemau fideo

τρίκυκλο

beic tair olwyn

αρκουδάκι

tedi

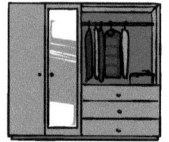

ντουλάπα

cwpwrdd dillad

ρούχα
dillad

κάλτσες

hosanau

καλτσοδέτες

hosanau

καλσόν

teits

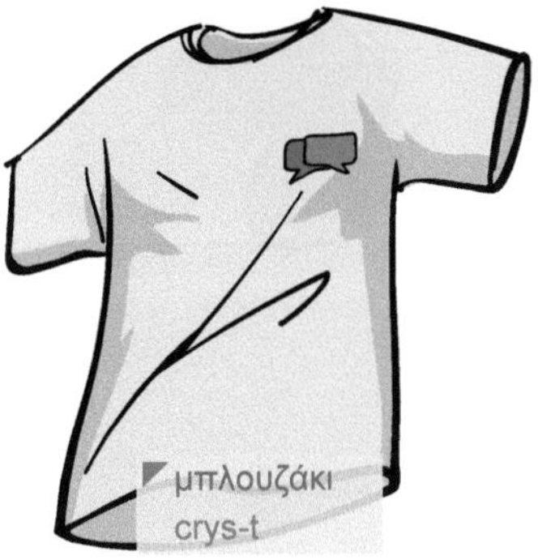

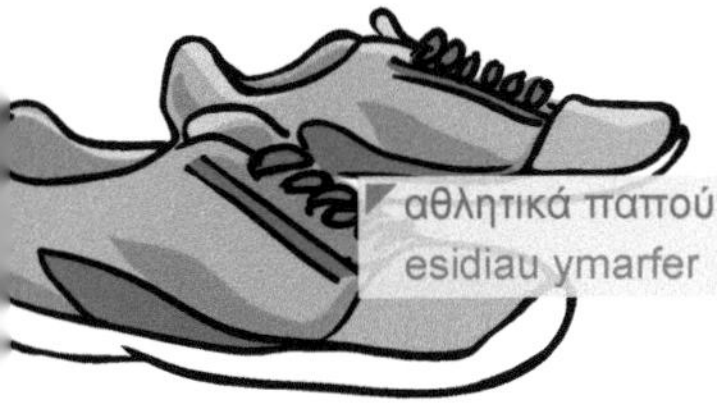

κασκόλ
sgarff

ζώνη
gwregys

ομπρέλα
ymbarél

μπλουζάκι
crys-t

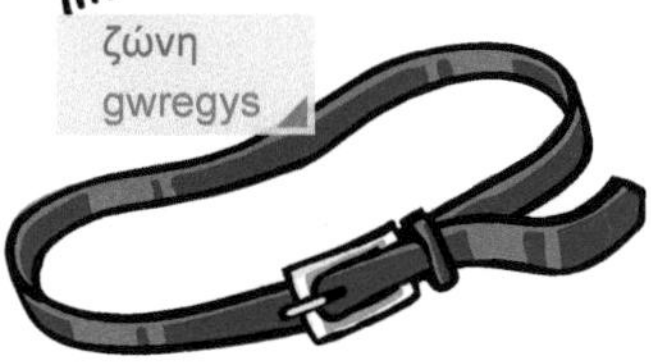

αθλητικά παπούτσια
esidiau ymarfer

μπότες
esgidiau

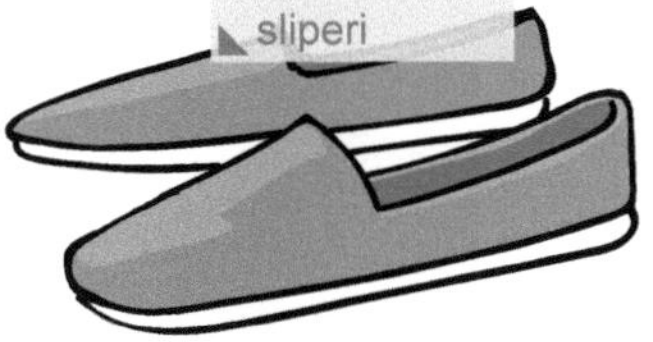

παντόφλες
sliperi

σανδάλια
sandalau

παπούτσια
esgidiau

γαλότσες
esgidiau rwber

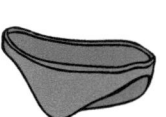

εσώρουχο
trôns

σουτιέν
bra

φανέλα
fest

ρούχα - dillad

σώμα

corff

παντελόνι

trowsus

τζιν παντελόνι

jîns

φούστα

sgert

μπλούζα

blows

πουκάμισο

crys

πουλόβερ

pwlofer

πουλόβερ

hwdi

σακάκι

blaser

μπουφάν

siaced

παλτό

côt

αδιάβροχο πανωφόρι

côt law

κοστούμι

gwisg

φόρεμα

gŵn

νυφικό

gwisg briodas

κοστούμι
siwt

νυχτικό
gŵn nos

πιτζάμες
pyjamas

σάρι
sari

μαντήλι
sgarff pen

τουρμπάνι
tyrban

μπούρκα
bwrca

καφτάνι
cafftan

μουσουλμανικό ένδυμα
abaya

ολόσωμο μαγιό
gwisg nofio

ανδρικό μαγιό
trowsus nofio

σορτς
siorts

αθλητική φόρμα
tracwisg

ποδιά
ffedog

γάντια
menig

κουμπί

botwm

γυαλιά

sbectol

βραχιόλι

breichled

περιδέραιο

cadwyn

δαχτυλίδι

modrwy

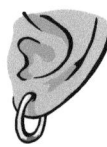

σκουλαρίκι

clustdlws

καπέλο

cap

κρεμάστρα

cambren

καπέλο

het

γραβάτα

tei

φερμουάρ

sip

κράνος

helmed

τιράντες

fframiau danedd

μαθητική στολή

gwisg ysgol

στολή

gwisg

σαλιάρα
bib

πιπίλα
teth lwgu

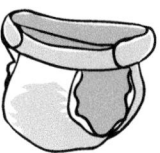

πάνα
cewyn

γραφείο
swyddfa

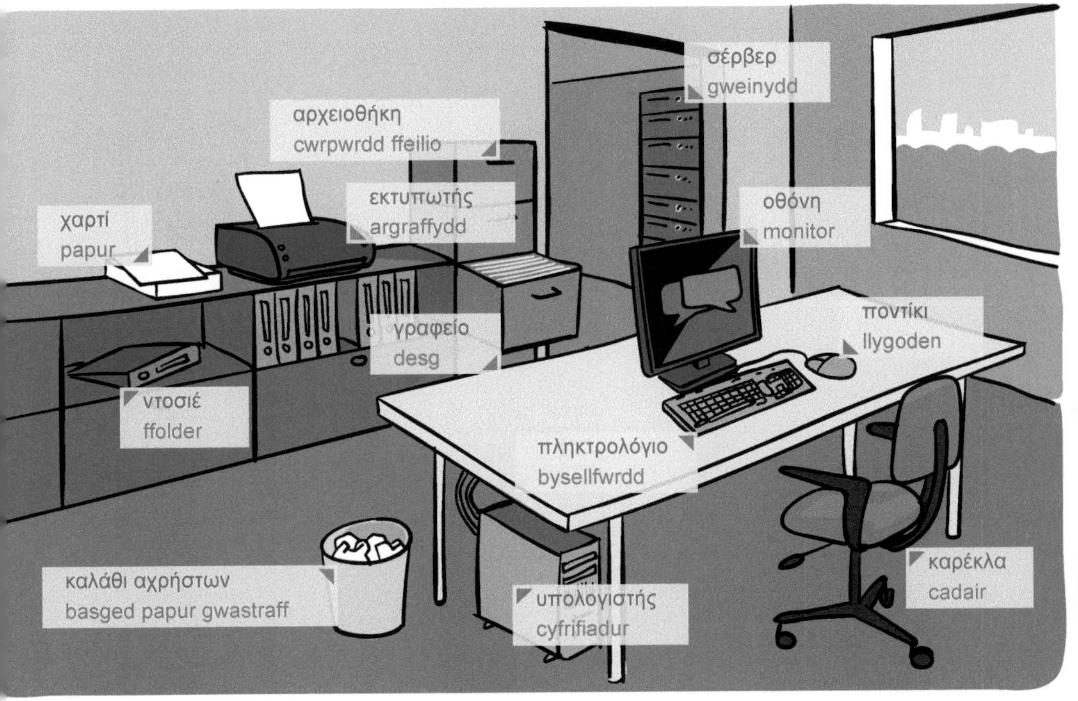

σέρβερ
gweinydd

αρχειοθήκη
cwrpwrdd ffeilio

εκτυπωτής
argraffydd

οθόνη
monitor

χαρτί
papur

γραφείο
desg

ποντίκι
llygoden

ντοσιέ
ffolder

πληκτρολόγιο
bysellfwrdd

καλάθι αχρήστων
basged papur gwastraff

υπολογιστής
cyfrifiadur

καρέκλα
cadair

κούπα του καφέ
mwg coffi

κομπιουτεράκι
cyfrifiannell

ίντερνετ
rhyngrwyd

λάπτοπ

gliniadur

γράμμα

llythyr

μήνυμα

neges

κινητό

ffôn symudol

δίκτυο

rhwydwaith

φωτοτυπικό μηχάνημα

llungopïwr

λογισμικό

meddalwedd

τηλέφωνο

teleffon

πρίζα

soced plwg

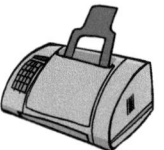

συσκευή φαξ

peiriant ffacs

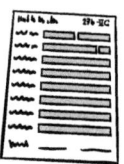

έντυπο

ffurflen

έγγραφο

dogfen

αγοράζω

prynu

πληρώνω

talu

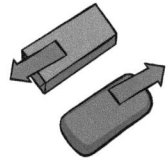

συναλλάσσομαι

masnachu

χρήματα

arian

δολάριο

doler

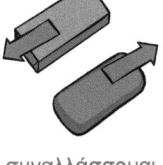

ευρώ

ewro

γιεν

yen

ρούβλι

rwbl

ελβετικό φράγκο

ffranc y Swistir

ρενμίνμπι γιουάν

yuan renminbi

ρουπία

rwpi

ΑΤΜ (αυτόματη ταμειακή μηχανή)

peiriant arian

ανταλλακτήρια
συναλλάγματος

swyddfa gyfnewid

χρυσός

aur

ασήμι

arian

πετρέλαιο

olew

ενέργεια

ynni

τιμή

pris

συμβόλαιο

contract

φόρος

treth

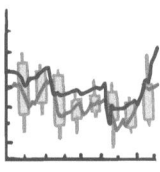

μετοχή

stoc

δουλεύω

gweithio

υπάλληλος

cyflogai

εργοδότης

cyflogwr

εργοστάσιο

ffatri

κατάστημα

siop

αστυνόμος
swyddog heddlu

πυροσβέστης
diffoddwr tân

μάγειρας
cogydd

γιατρός
meddyg

πιλότος
peilot

κηπουρός

garddwr

ξυλουργός

saer

μοδίστρα

gwniadwraig

δικαστής

barnwr

χημικός

fferyllydd

ηθοποιός

actor

οδηγός λεωφορείου

gyrrwr bws

ταξιτζής

gyrrwr tacsi

ψαράς

pysgotwr

καθαρίστρια

glanhawraig

τεχνίτης στεγών

töwr

σερβιτόρος

gweinydd

κυνηγός

heliwr

ζωγράφος

paentiwr

αρτοποιός

pobydd

ηλεκτρολόγος

trydanwr

οικοδόμος

adeiladwr

μηχανολόγος

peiriannydd

κρεοπώλης

cigydd

υδραυλικός

plymiwr

ταχυδρόμος

dyn y post

στρατιώτης

milwr

αρχιτέκτονας

pensaer

ταμίας

ariannwr

ανθοπώλης

gwerthwr blodau

κομμωτής

triniwr gwallt

ελεγκτής εισιτηρίων

archwiliwr tocynnau
rheilffordd

μηχανικός

mecanydd

καπετάνιος

capten

οδοντίατρος

deintydd

επιστήμονας

gwyddonydd

ραβίνος

rabi

ιμάμης

imam

μοναχός

mynach

ιερέας

clerigwr

εργαλεία
offer

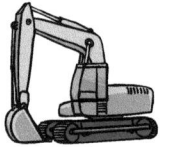

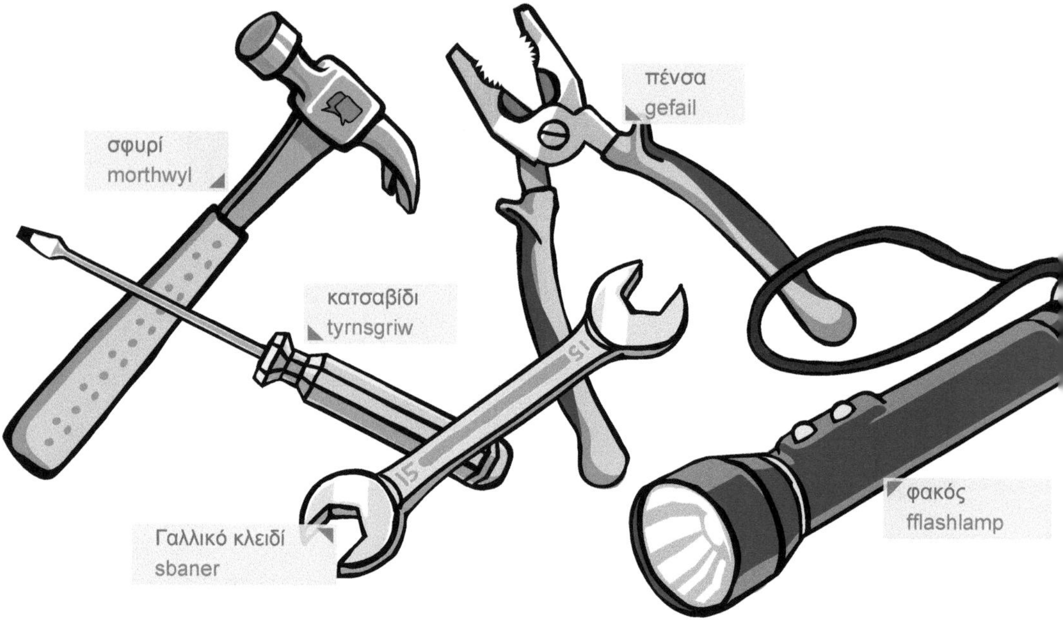
σφυρί
morthwyl
πένσα
gefail
κατσαβίδι
tyrnsgriw
Γαλλικό κλειδί
sbaner
φακός
fflashlamp

εκσκαφέας
turiwr

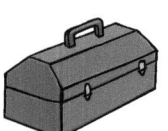

εργαλειοθήκη
blwch offer

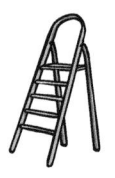

σκάλα
ysgol

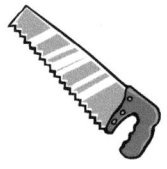

πριόνι
llif

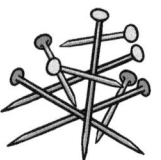

καρφιά
hoelion

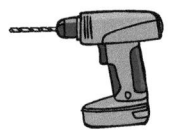

τρυπάνι
dril

επισκευάζω

trwsio

φτυάρι

rhaw

Να πάρει!

Daria!

φαράσι

rhaw lwch

δοχείο χρωμάτων

pot paent

βίδες

sgriwiau

μουσικά όργανα
offerynnau cerdd

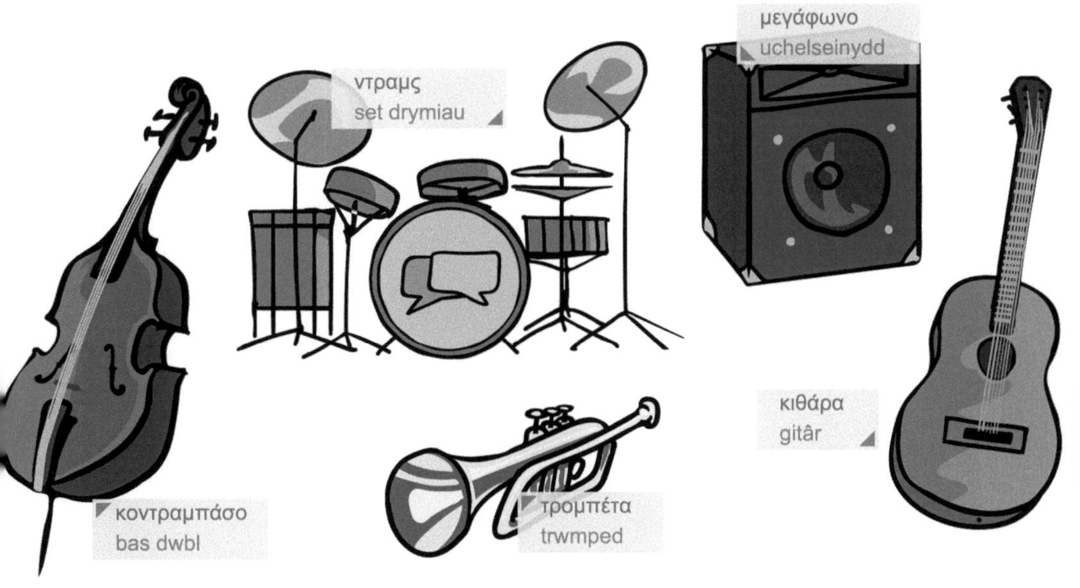

ντραμς
set drymiau

μεγάφωνο
uchelseinydd

κιθάρα
gitâr

κοντραμπάσο
bas dwbl

τρομπέτα
trwmped

πιάνο

piano

βιολί

ffidil

μπάσο

bas

τύμπανα

timpani

τύμπανο

drymiau

πλήκτρα

cyweirfwrdd

σαξόφωνο

sacsoffon

φλάουτο

ffliwt

μικρόφωνο

meicroffon

ζωολογικός κήπος

sŵ

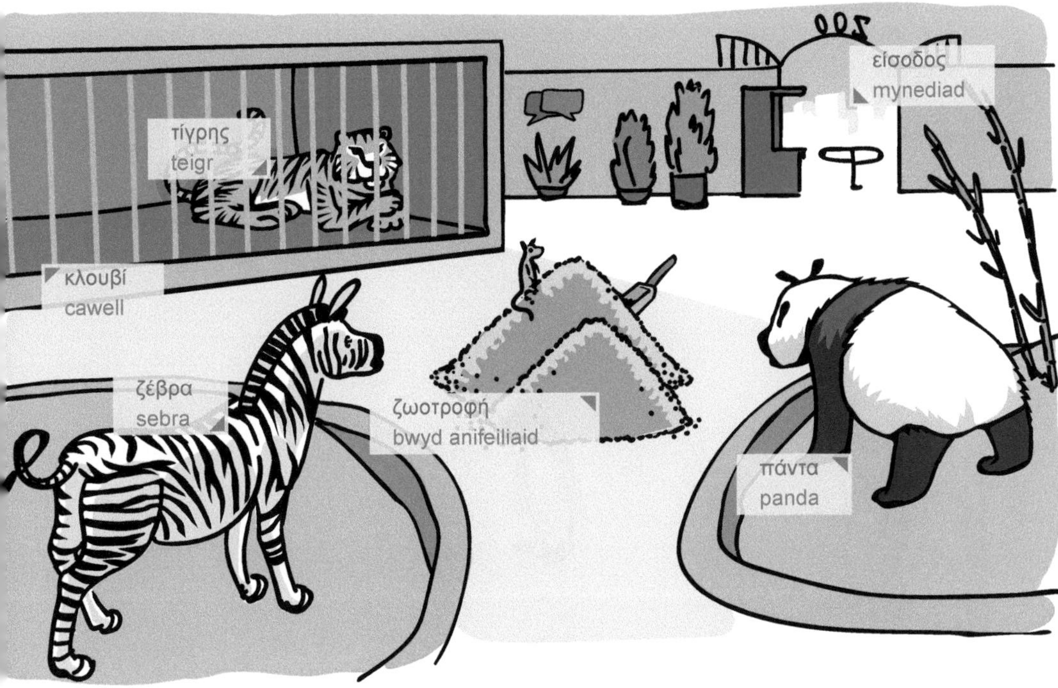

zoo
είσοδος
mynediad
τίγρης
teigr
κλουβί
cawell
ζέβρα
sebra
ζωοτροφή
bwyd anifeiliaid
πάντα
panda

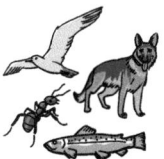

ζώα

anifeiliaid

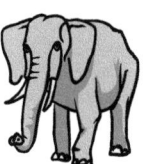

ελέφαντας

eliffant

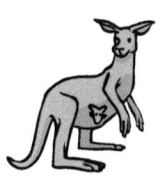

καγκουρό

cangarŵ

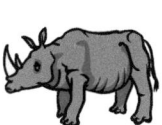

ρινόκερος

rhinoseros

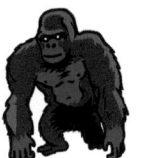

γορίλας

gorila

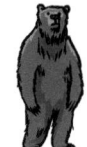

αρκούδα

arth

καμήλα

camel

στρουθοκάμηλος

estrys

λιοντάρι

llew

πίθηκος

mwnci

φλαμίνγκο

fflamingo

παπαγάλος

parot

πολική αρκούδα

arth wen

πιγκουίνος

pengwin

καρχαρίας

siarc

παγώνι

paun

φίδι

neidr

κροκόδειλος

crocodeil

φύλακας ζωολογικού κήπου

gofalwr sŵ

φώκια

morlo

τζάγκουαρ

jagwar

πόνυ

merlyn

λεοπάρδαλη

llewpard

ιπποπόταμος

hipo

καμηλοπάρδαλη

jiráff

αετός

eryr

αγριογούρουνο

baedd

ψάρι

pysgodyn

χελώνα

crwban

θαλάσσιος ίππος

walrws

αλεπού

llwynog

γαζέλα

gafrewig

Αμερικάνικο ποδόσφαιρο
pêl-droed America

ποδηλασία
beicio

αντισφαίριση
tennis

μπάσκετ
pêl-fasged

κολύμβηση
nofio

χόκεϋ επί πάγου
hoci iâ

πυγχαμία
bocsio

ποδόσφαιρο
pêl-droed

μπάντμιντον
badminton

στίβος
athletau

χάντμπολ
pêl-law

σκι
sgïo

πόλο
polo

δραστηριότητες
gweithgareddau

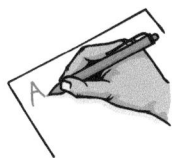

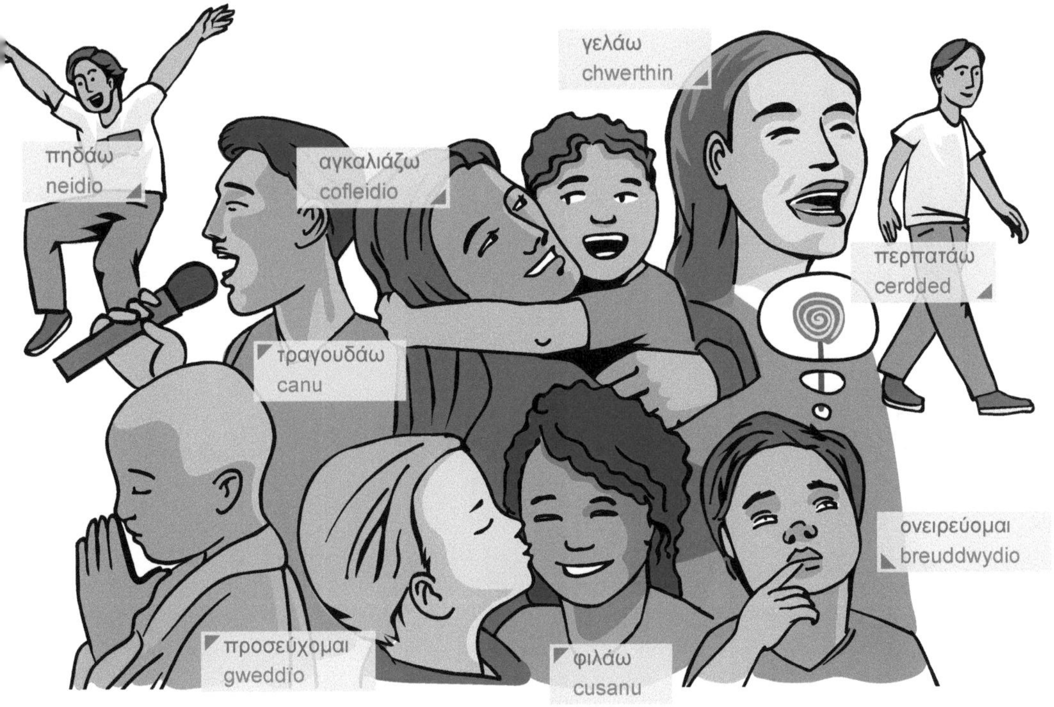
γελάω
chwerthin
πηδάω
neidio
αγκαλιάζω
cofleidio
περπατάω
cerdded
τραγουδάω
canu
ονειρεύομαι
breuddwydio
προσεύχομαι
gweddïo
φιλάω
cusanu

γράφω
ysgrifennu

σχεδιάζω
tynnu

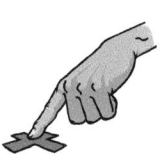

δείχνω
dangos

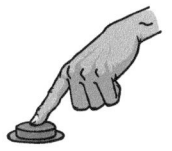

πιέζω
gwthio

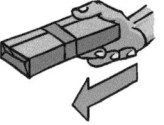

δίνω
rhoi

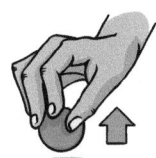

παίρνω
cymryd

έχω

bod gan

κάνω

gwneud

είμαι

bod

στέκομαι

sefyll

τρέχω

rhedeg

τραβάω

tynnu

ρίχνω

taflu

πέφτω

disgyn

ξαπλώνω

gorwedd

περιμένω

aros

κουβαλώ

cario

κάθομαι

eistedd

φοράω

gwisgo amdanoch

κοιμάμαι

cysgu

ξυπνάω

deffro

κοιτάω

edrych ar

κλαίω

crïo

χαϊδεύω

anwesu

χτενίζω

cribo

μιλάω

siarad

καταλαβαίνω

deall

ρωτάω

gofyn

ακούω

gwrando

πίνω

yfed

τρώω

bwyta

συγυρίζω

tacluso

αγαπάω

caru

μαγειρεύω

coginio

οδηγώ

gyrru

πετάω

hedfan

κάνω ιστιοπλοΐα

hwylio

υπολογίζω

cyfrifo

διαβάζω

darllen

μαθαίνω

dysgu

δουλεύω

gweithio

παντρεύομαι

priodi

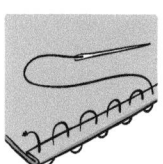

ράβω

gwnïo

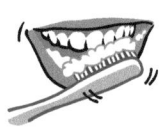

βουρτσίζω τα δόντια

brwsio dannedd

σκοτώνω

lladd

καπνίζω

ysmygu

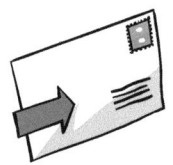

στέλνω

anfon

οικογένεια
teulu

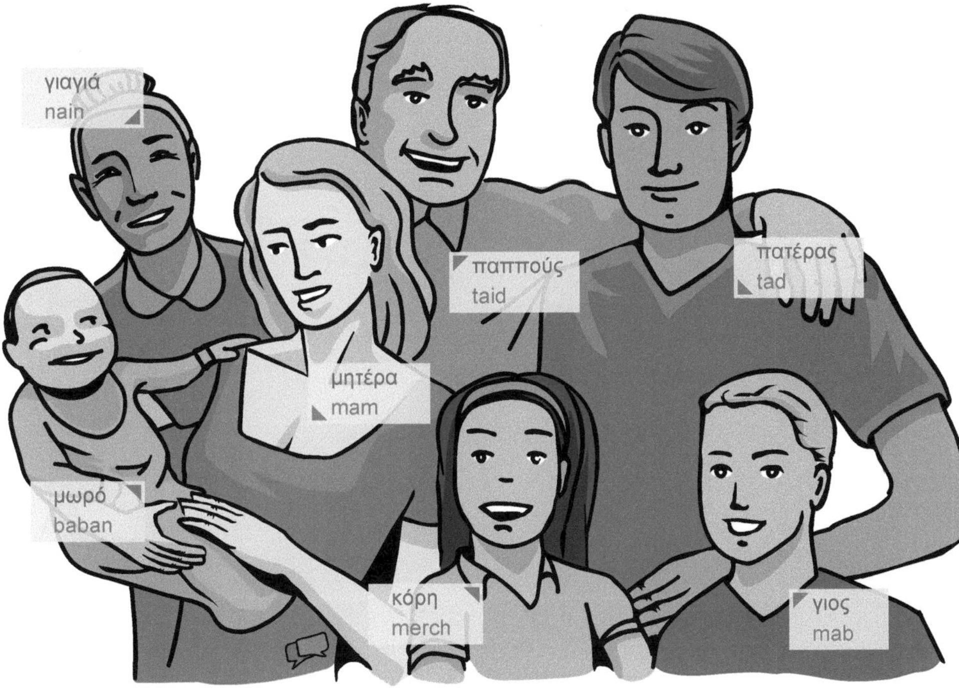
γιαγιά
nain
παππούς
taid
πατέρας
tad
μητέρα
mam
μωρό
baban
κόρη
merch
γιος
mab

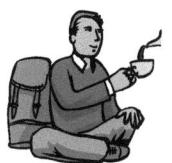

καλεσμένος

gwestai

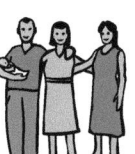

θεία

modryb

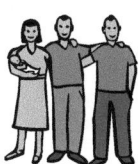

θείος

ewythr

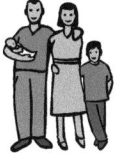

αδελφός

brawd

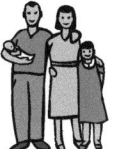

αδελφή

chwaer

σώμα

corff

μέτωπο
talcen
μάτι
llygad
ώμος
ysgwydd
δάχτυλο
bys
πρόσωπο
wyneb
πιγούνι
gên
χέρι
llaw
πόδι
coes
στήθος
bron
βραχίονας
braich

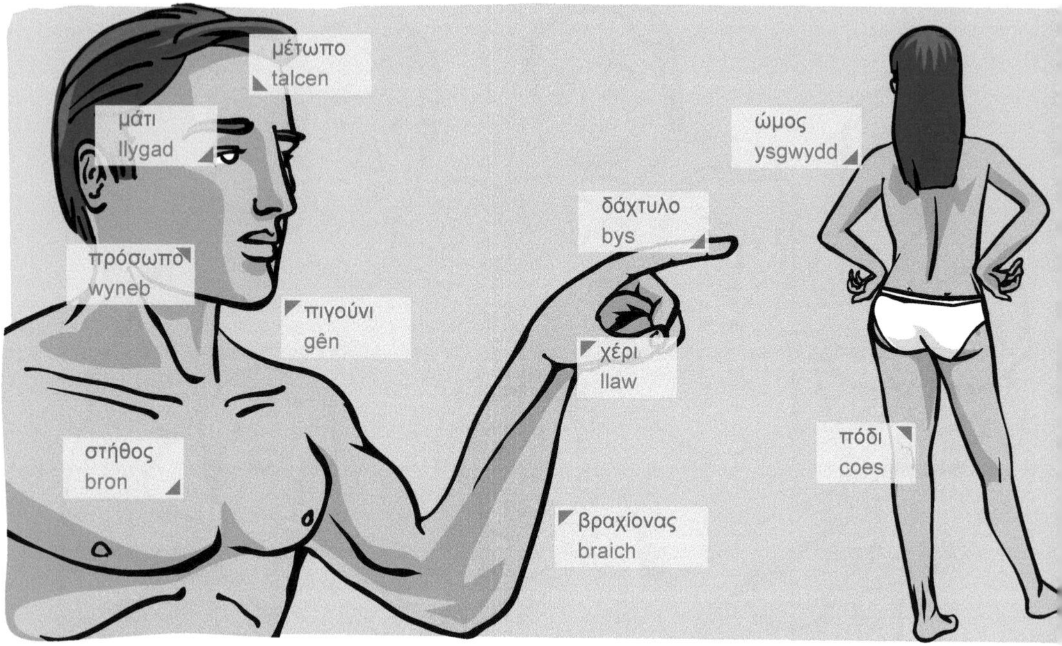

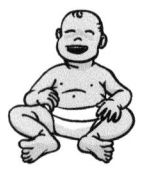

μωρό

baban

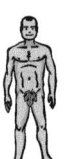

άνδρας

dyn

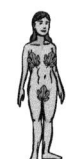

γυναίκα

gwraig

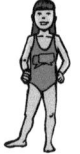

κορίτσι

geneth

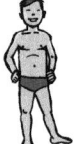

αγόρι

bachgen

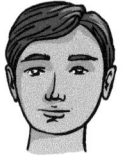

κεφάλι

pen

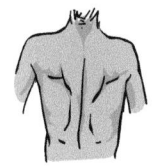

πλάτη

cefn

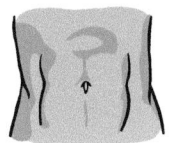

κοιλιά

bel

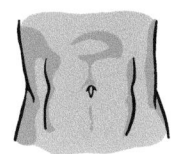

αφαλός

bogail

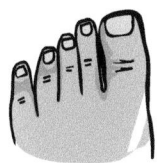

δάχτυλο ποδιού

bys troed

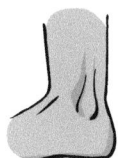

φτέρνα

sawdl

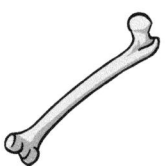

κόκκαλο

asgwrn

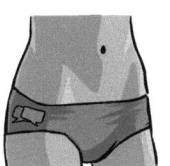

γοφός

clun

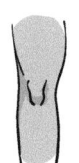

γόνατο

pen-glin

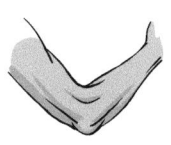

αγκώνας

penelin

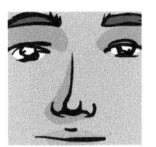

μύτη

trwyn

γλουτός

pen ôl

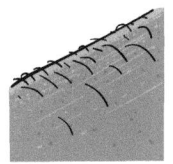

δέρμα

croen

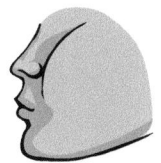

μάγουλο

boch

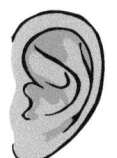

αυτί

clust

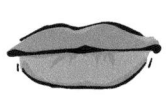

χείλος

gwefus

στόμα

ceg

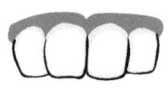

δόντι

dant

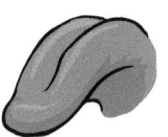

γλώσσα

tafod

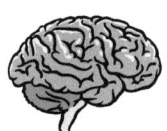

εγκέφαλος

ymennydd

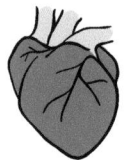

καρδιά

calon

μυς

cyhyr

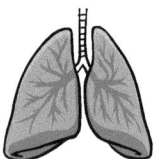

πνεύμονας

ysgyfaint

συκώτι

iau

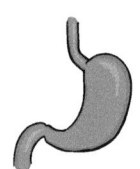

στομάχι

stumog

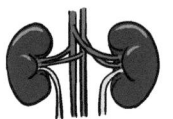

νεφρά

arennau

σεξουαλική επαφή

rhyw

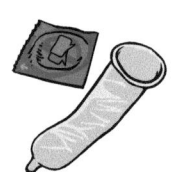

προφυλακτικό

condom

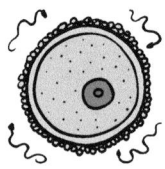

ωάριο

ofwm

σπέρμα

semen

εγκυμοσύνη

beichiogrwydd

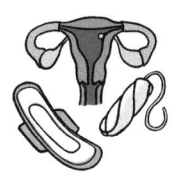

περίοδος

mislif

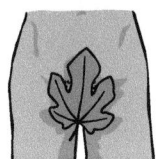

γυναικείος κόλπος

fagina

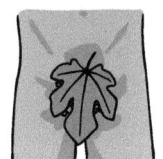

πέος

pidyn

φρύδι

ael

μαλλιά

gwallt

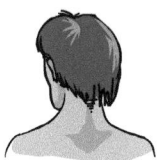

λαιμός

gwddf

νοσοκομείο

ysbyty

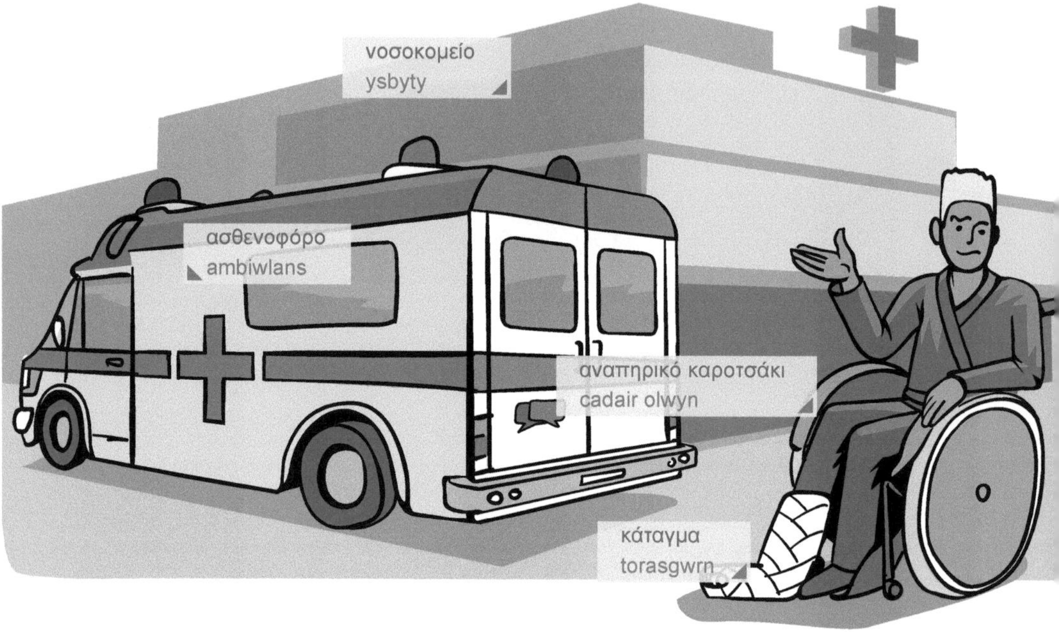

νοσοκομείο
ysbyty
ασθενοφόρο
ambiwlans
αναπηρικό καροτσάκι
cadair olwyn
κάταγμα
torasgwrn

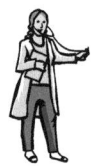

γιατρός

meddyg

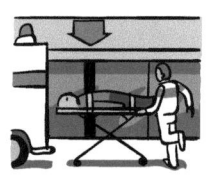

μονάδα εντατικής θεραπείας

ystafell argyfwng

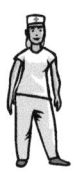

νοσοκόμα

nyrs

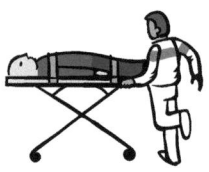

έκτακτη ανάγκη

argyfwng

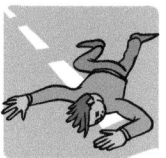

λιπόθυμος

anymwybodol

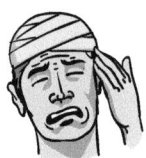

πόνος

poen

τραύμα
anaf

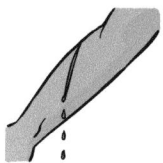

αιμορραγία
gwaedu

έμφραγμα
trawiad ar y galon

εγκεφαλικό
strôc

αλλεργία
alergedd

βήχας
peswch

πυρετός
twymyn

γρίπη
ffliw

διάρροια
dolur rhydd

πονοκέφαλος
cur pen

καρκίνος
canser

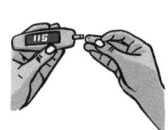

διαβήτης
diabetes

χειρουργός
llawfeddyg

νυστέρι
fflaim

εγχείρηση
gweithrediad

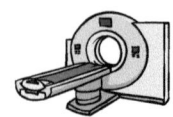

αξονική τομογραφία

CT

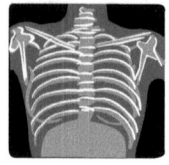

ακτινογραφία

pelydr-x

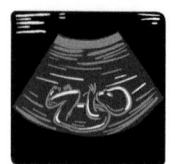

υπέρηχος

uwchsain

μάσκα

mwgwd wyneb

ασθένεια

clefyd

αίθουσα αναμονής

ystafell aros

πατερίτσα

bagl

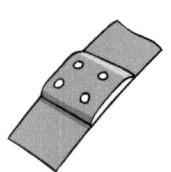

χάνσαπλαστ

plastr

επίδεσμος

rhwymyn

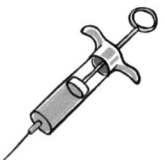

ένεση

pigiad

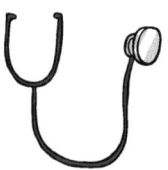

στηθοσκόπιο

stethosgop

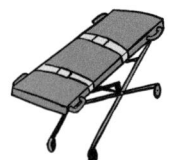

φορείο

elorwely

θερμόμετρο

thermomedr clinigol

γέννηση

genedigaeth

υπέρβαρο

dros bwysau

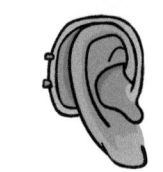

ακουστικό βαρηκοΐας

cymorth clyw

αντισηπτικό

diheintydd

λοίμωξη

haint

ιός

firws

HIV/AIDS

HIV / AIDS

φάρμακο

meddygaeth

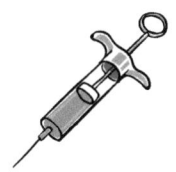

εμβολιασμός

brechiad

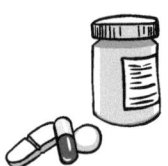

δισκία

tabledi

χάπι

y bilsen

κλήση έκτακτης ανάγκης

galwad frys

πιεσόμετρο αίματος

monitor pwysau gwaed

άρρωστος / υγιής

yn sâl / yn iach

Βοήθεια!
Help!

συναγερμός
larwm

βιαιοπραγία
ymosodiad

επίθεση
ymosodiad

κίνδυνος
perygl

έξοδος κινδύνου
allanfa argyfwng

Φωτιά!
Tân!

πυροσβεστήρας
diffoddwr tân

ατύχημα
damwain

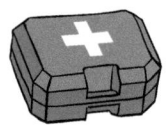
κουτί πρώτων βοηθειών
pecyn cymorth cyntaf

SOS
SOS

αστυνομία
heddlu

Ευρώπη

Ewrop

Βόρεια Αμερική

Gogledd America

Νότια Αμερική

De America

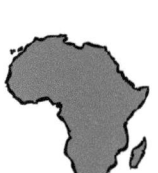

Αφρική

Affrica

Ασία

Asia

Αυστραλία

Awstralia

Ατλαντικός Ωκεανός

Iwerydd

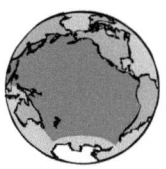

Ειρηνικός Ωκεανός

y Môr Tawel

Ινδικός Ωκεανός

Cefnfor yr India

Ανταρκτικός Ωκεανός

Cefnfor yr Antarctig

Αρκτικός Ωκεανός

Cefnfor yr Arctig

Βόρειος Πόλος

Pegwn y Gogledd

Νότιος Πόλος

Pegwn y De

Ανταρκτική

Antarctica

Γη

y Ddaear

γη

tir

θάλασσα

môr

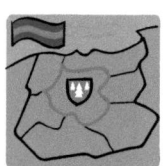

νησί

ynys

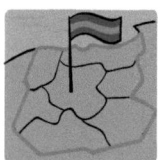

έθνος

cenedl

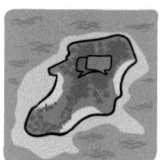

πολιτεία

gwladwriaeth

καντράν ρολογιού

wyneb cloc

ωροδείκτης

bys awr

λεπτοδείκτης

bys munud

δείκτης δευτερολέπτων

bys eiliad

Τι ώρα είναι;

Faint o'r gloch yw hi?

ημέρα

dydd

χρόνος

amser

τώρα

yn awr

ψηφιακό ρολόι

cloc digidol

λεπτό

munud

ώρα

awr

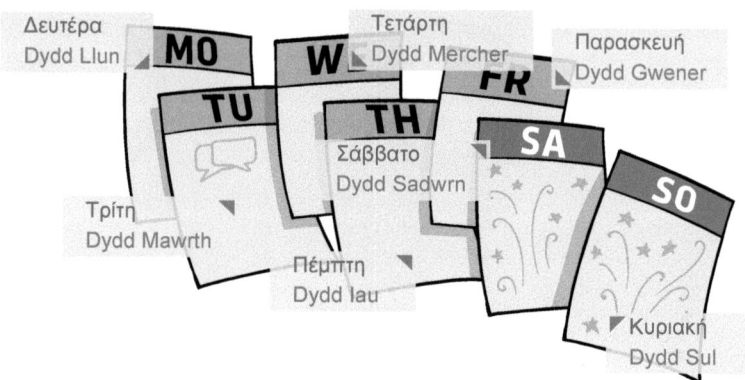

Δευτέρα
Dydd Llun

Τετάρτη
Dydd Mercher

Παρασκευή
Dydd Gwener

Τρίτη
Dydd Mawrth

Σάββατο
Dydd Sadwrn

Πέμπτη
Dydd Iau

Κυριακή
Dydd Sul

χθες
ddoe

σήμερα
heddiw

αύριο
yfory

πρωί
bore

μεσημέρι
canol dydd

βράδυ
noswaith

εργάσιμες ημέρες
diwrnodiau busnes

Σαββατοκύριακο
penwythnos

έτος
blwyddyn

βροχή
glaw
ουράνιο τόξο
enfys
χιόνι
eira
άνεμος
gwynt
άνοιξη
gwanwyn
φθινόπωρο
hydref
καλοκαίρι
haf
χειμώνας
gaeaf

4.APRIL 11°
5.APRIL 4°
6.APRIL 13°
7.APRIL 8°
8.APRIL 10°

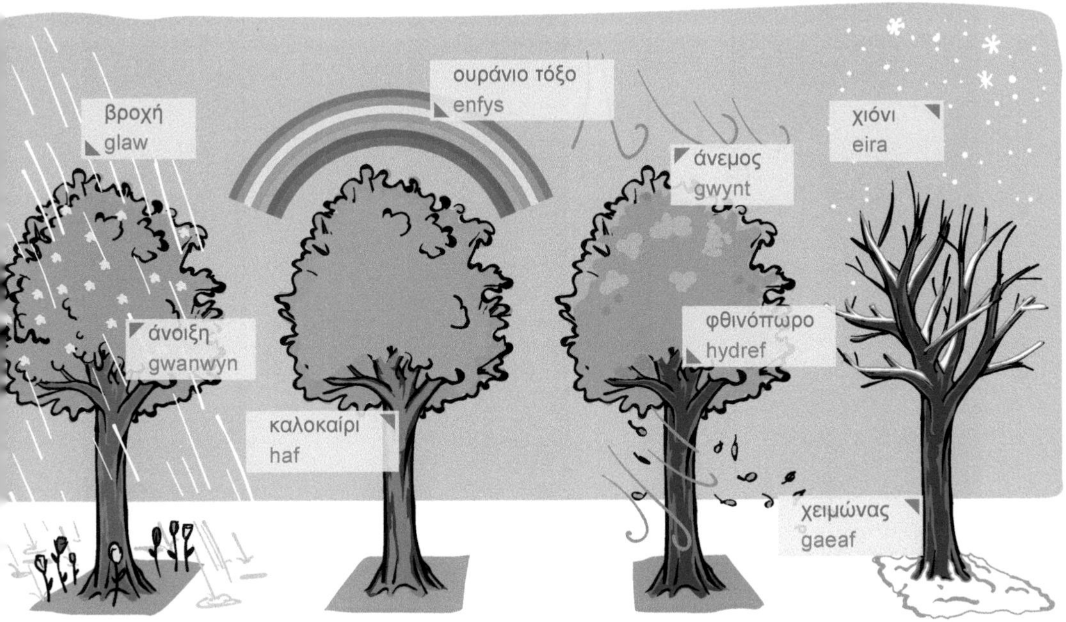

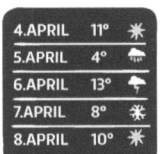

πρόγνωση καιρού

rhagolygon y tywydd

F C
120 40
90 30
60 20
30 10
0 0
-30 -10
-20

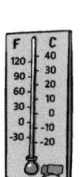

θερμόμετρο

thermomedr

λιακάδα

heulwen

σύννεφο

cwmwl

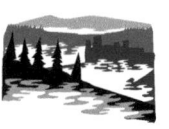

ομίχλη

niwl tew

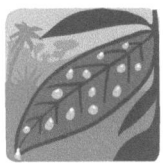

υγρασία

lleithder

αστραπή

mellt

κεραυνός

taranau

καταιγίδα

storm

χαλάζι

cenllysg

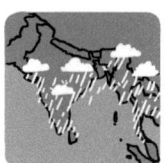

μουσώνας

monsŵn

πλημμύρα

llif

πάγος

iâ

Ιανουάριος

Ionawr

Φεβρουάριος

Chwefror

Μάρτιος

Mawrth

Απρίλιος

Ebrill

Μάιος

Mai

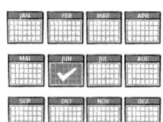

Ιούνιος

Mehefin

Ιούλιος

Gorffennaf

Αύγουστος

Awst

έτος - blwyddyn

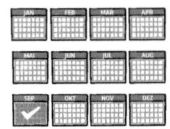

Σεπτέμβριος

Medi

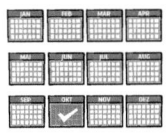

Οκτώβριος

Hydref

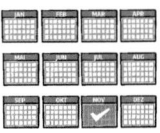

Νοέμβριος

Tachwedd

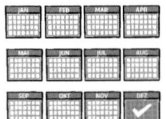

Δεκέμβριος

Rhagfyr

σχήματα
siapiau

κύκλος

cylch

τετράγωνο

sgwâr

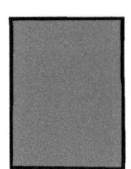

ορθογώνιο
παραλληλόγραμμο
petryal

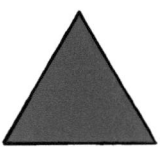

τρίγωνο

triongl

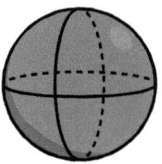

σφαίρα

sffêr

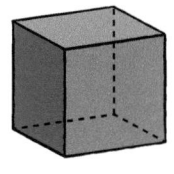

κύβος

ciwb

άσπρο

gwyn

κίτρινο

melyn

πορτοκαλί

oren

ροζ

pinc

κόκκινο

coch

μωβ

porffor

μπλε

glas

πράσινο

gwyrdd

καφέ

brown

γκρι

llwyd

μαύρο

du

πολύ / λίγο

llawer / ychydig

θυμωμένος / ήρεμος

dig / tawel

όμορφος / άσχημος

hardd / hyll

αρχή / τέλος

dechrau / diwedd

μεγάλος / μικρός

mawr / bach

φωτεινός / σκοτεινός

llachar / tywyll

αδελφός / αδελφή

brawd / chwaer

καθαρός / λερωμένος

glân / budr

πλήρης / ατελής

gyflawn / anghyflawn

ημέρα / νύχτα

dydd / nos

νεκρός / ζωντανός

farw / yn fyw

φαρδύς / στενός

eang / cul

βρώσιμος / μη βρώσιμος

bwytadwy / anfwytadwy

κακός / ευγενικός

drwg / caredig

ενθουσιασμένος / βαριεστημένος

llawn cyffro / diflasu

παχύς / λεπτός

tew / tenau

πρώτος / τελευταίος

cyntaf / olaf

φίλος / εχθρός

cyfaill / gelyn

γεμάτος / άδειος

llawn / gwag

σκληρός / μαλακός

caled / meddal

βαρύς / ελαφρύς

trwm / ysgafn

πείνα / δίψα

wedi newynnu / yn sychedig

άρρωστος / υγιής

yn sâl / yn iach

παράνομος / νόμιμος

anghyfreithlon / cyfreithiol

έξυπνος / χαζός

deallus / twp

αριστερός / δεξιός

chwith / dde

κοντινός / μακρινός

agos / pell

καινούριος /
μεταχειρισμένος

ewydd / wedi'i ddefnyddio

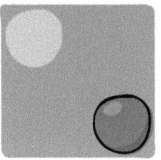

τίποτα / κάτι

dim / rhywbeth

γέρος | νέος

hen / ifanc

αναμμένος / σβηστός

ymlaen / i ffwrdd

ανοιχτός / κλειστός

ar agor / ar gau

χαμηλόφωνος /
μεγαλόφωνος
tawel / uchel

πλούσιος / φτωχός

cyfoethog / tlawd

σωστός / λανθασμένος

cywir / anghywir

τραχύς / λείος

garw / llyfn

λυπημένος / χαρούμενος

trist / hapus

κοντός / μακρύς

byr / hir

αργός / γρήγορος

araf / cyflym

υγρός / στεγνός

gwlyb / sych

ζεστός / δροσερός

cynnes / claear

πόλεμος / ειρήνη

rhyfel / heddwch

0

μηδέν

sero

1

ένα

un

2

δύο

dau

3

τρία

tri

4

τέσσερα

pedwar

5

πέντε

pump

6

έξι

chwech

7

εφτά

saith

8

οκτώ

wyth

9

εννιά

naw

10

δέκα

deg

11

έντεκα

un deg un

12

δώδεκα

un deg dau

13

δεκατρία

un deg tri

14

δεκατέσσερα

un deg pedwar

15

δεκαπέντε

un deg pump

16

δεκαέξι

un deg chwech

17

δεκαεφτά

un deg saith

18

δεκαοκτώ

un deg wyth

19

δεκαεννέα

un deg naw

20

είκοσι

dau ddeg

100

εκατό

cant

1.000

χίλια

mil

1.000.000

εκατομμύριο

miliwn

Αγγλικά

Saesneg

Αμερικάνικα Αγγλικά

Saesneg America

Μανδαρίνικα Κινέζικα

Tsieinëeg Mandarin

Χίντι

Hindi

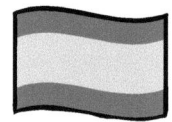

Ισπανικά

Sbaeneg

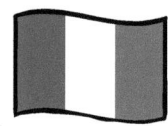

Γαλλικά

Ffrangeg

Αραβικά

Arabeg

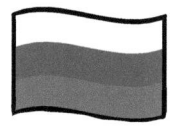

Ρώσικα

Rwseg

Πορτογαλικά

Portiwgaleg

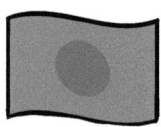

Μπενγκάλι

Bengali

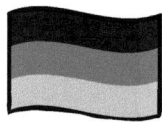

Γερμανικά

Almaeneg

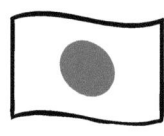

Ιαπωνικά

Siapanaeg

εγώ

fi

εσύ

ti

αυτός / αυτή / αυτό

ef / hi

εμείς

ni

εσείς

chi

αυτοί / αυτές / αυτά

nhw

ποιος / ποια / ποιο;

pwy?

τι;

beth?

πώς;

sut?

πού;

ble?

πότε;

pryd?

όνομα

enw

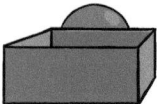

πίσω
....
y tu ôl i

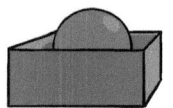

μέσα
....
yn / yng / ym / mewn

μπροστά
....
o flaen

πάνω από
....
dros

πάνω
....
ar

κάτω
....
dan

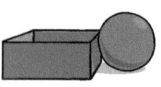

δίπλα
....
wrth ochr

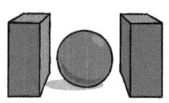

ανάμεσα
....
rhwng

μέρος
....
lle